大夏书系·语文之道

怎样上出魅力家常课

有效语文课堂的构建智慧

张玉新 著

华东师范大学出版社

序言　原生态：我的魅力家常课 / 001

第一辑　课堂是专业成长的舞台

- 优秀语文教师的三个维度 / 003
- 四位优秀教师专业成长舞台上的精彩表演 / 008
- 寻求"量"与"质"的动态统一 / 017
- 寻求教师、学生、文本之间的动态平衡 / 024
- 学情永远是教学的前提 / 029

第二辑　上好家常课才见真功夫

- 非文学类文本教学：形式即内容的价值取向
  ——《宇宙的未来》教学诊断 / 039
- 小说教学：确定文本内容与教学内容的关系
  ——《植树的牧羊人》教学诊断 / 049
- 戏剧教学要定位在剧本的文学性上 / 061
- 诗歌教学同课异构：立足学情，展示根底
  ——《雨巷》教学诊断 / 069
- 自读课：关键在于引导学生自己读书 / 083
- 语文活动课：基于专业学习共同体视域的设计 / 086

第三辑　怎样上出原生态的真实好课

- 当务之急是"啃"读一本垫底的书 / 093
- 整合：思辨性阅读的有效策略 / 102
- 上好家常课的"台下十年功"与"台上一分钟" / 109
- "九字诀"：古代诗歌教学一种有效的操作范式 / 135

第四辑　可以这样构建魅力课堂

- 找到支点：怎一个"清"字了得
  ——《小石潭记》课堂实录（节选）/ 145
- 生活场景的再现与模拟：重构是文本解读的津要
  ——《李清照词二首》课堂实录（节选）/ 163
- 跨界的融会贯通
  ——《议论文作文评改》课堂实录（节选）/ 174
- 动态生成的作文评改
  ——《努力写得新颖》课堂实录（节选）/ 191

后　记 / 211

序言 PREFACE

原生态：我的魅力家常课

一种教学主张往往是教学风格的抽象，而无论是教学主张还是教学风格，其形成的直接原因必然同人生经历密切相关。我的人生经历十分简单，从中学之门进入大学大门，再从大学之门走进中学之门；后走出中学之门，又走进教研机构之门。投资领域有一句名言："不要把鸡蛋放在同一个篮子里。"在经济领域这是真理，但在我的生活经历和职业生涯中，我把生活与职业都放到了一个篮子里，还自以为收获比分别放到不同的篮子里丰硕得多。原生态教学观及其在家常课中的呈现，就是我唯一的篮子里的重要"物件"。

说起家常菜，人们马上想起萝卜、白菜、茄子、土豆这些虽普通但过日子不可或缺的食材。从烹调角度看，它们可以独自成菜，也可以搭配成菜，还可以作为辅料，有的可以生吃，但大多需要烹调。东北最常见的家常菜是土豆炖茄子，若改善生活还可以做鲶鱼炖茄子；白菜熬土豆、爽口白菜、炝拌土豆丝等，也都是极有营养、可口的菜肴。

家常课则是套用家常菜的说法，是指常态的日常教学，如萝卜白菜一样极普通，但因为营养丰富、可口而不可或缺。就像食材本身不是菜肴一样，并非所有的日常教学——家常课都是好课，本书名曰"怎样上出魅力家常课",副题为"有效语文课堂的构建智慧",已经亮出了观点:要努力上出有魅力的家常课,这样的家常课需要智慧。

家常课不是一个专有名词,其内涵与外延都不十分确定。比较明显的要素是常规课堂、任课班的学生,按照学校的课表上课,换一句话说,就是时间、地点、任务、师生都是固定的。其对立面是"非家常课",可统称为公开课,包括示范课、研究课等,还有一种"赛课",教师比赛上课,打分、评奖。这类课具有观摩性,也称观摩课。时间、地点、任务、师生都不是固定的,通常不在普通教室上课,而是在大教室、大礼堂,观课者众,教学效果也往往具有"轰动"效应。很多教师凭着这样的课成名成家,这样的课现在也仍然很有市场。不过对其诟病也一直存在,原因之一就是借班上课,师生都不熟悉,违背教学规律。

1985年9月开始,我上了20年家常课,其中不乏有魅力的。后来我的家常课总有年轻教师听课,课堂总是开放的,也颇有"观摩课"的特点。也曾在学校的大礼堂上过"观摩课",是与自己的学生上的,具备上述家常课的关键要素,只是场所不在教室里。

我越来越清晰地认识到,有魅力的家常课要本着合乎语文教学之道的"想法",在"做法"上落实,再不断地把"做法"上升到"说法"。若有人问我上好魅力家常课的"诀窍",下面几点可作参考。

一是"蒲柳之姿"难授"桃李之教"。我划定底线:绝不为了显示自己比学生强,用大学中文专业的学科话语云山雾罩地蒙蔽学生,以此得到一点可怜的自尊;必须用他们熟悉的、生活化的语言教他们——这正是我的朴素的原生态教学观的肇始。

二是教给学生的自己要先学会。语文学科最基本的就是读写。关于读,自己成为读者了,才能体会学生这个读者群体的感受。作为广泛意义上的读者,我和学生面对文本时是平等的,但我是先行学习者,我的读书体验很可能是学生读书体验的有价值的个案,这是可贵的教学资源。关于写,自己不会写怎么教别人去写?除了自己要写,也要常跟学生一起写"下水"作文,体会其中的甘苦,倒逼自己认真命制作文题。

三是努力成为语文教学的多面手。从自己会到教学生会是一个复杂的过程，不仅要求教师具备基本的学科素养与学科能力，还要懂得学科教学的艺术。而合理运用教学艺术要以技能为前提。

能用普通话声情并茂地朗读，写一手漂亮的板书，能生动地演讲，这是语文教师的"外功"。有了这几项拿手功夫，可以使教学富有艺术性。我上的第一节课是《天山景物记》，第一节校级公开课是《〈呐喊〉自序》，第一节市级公开课是《祝福》，第一节省级公开课是《过秦论》，第一节东北三省的公开课是《议论文立意训练——逆向立意》。课型比较全，且不上重复课，力图给自己更大的压力，有所突破。什么课型都能上，是成为常规教学层面的"多面手"的标志。

"多面手"不仅能教课、教好课，还能作专题讲座；"多面手"要会命题，以免被杂乱的试题蒙蔽，有辨别真伪的法眼；"多面手"要会写教研论文，把"做法"升华为"说法"，让教学实践成果化、学术化。我把这些叫作"内功"。我把"内功"的层级划分为：知识（本专业、非本专业）要扎实、渊博，这是物质基础；研究要务实，还要灵活，就是能坐得住冷板凳，又勤动脑子；要有创造性思维，不墨守成规，研究语文学习的一般规律和特殊规律，帮助学生找到适合自己的特殊规律。

有了过硬的"外功"与"内功"，就能初步形成自己的教学风格。我的师父李光琦经历坎坷，富有才气，表达能力强，富有感染力。他的课堂教学是随性的、生动的、灵活多变的，20世纪90年代在吉林省独领风骚。作为开门徒弟，我吸纳了他的教学风格，初步形成了快节奏、大容量、灵活多变的特点，十分注重教学创新。

2002年12月，我在学校荣誉教师示范课的活动中，总结出古诗教学"九字诀"："懂事儿、知趣儿、品味儿"。学生正处于高三会考前夕，课文已经讲完，总复习还没开始。为了不给学生增加负担，我按课程进度上课，讲古诗鉴赏。高考古诗鉴赏题2001年开始以主观形式命题，当时还缺少必要的理论指导，因此选题具有挑战性。我对1994年以来的古典诗歌鉴赏题作了归纳，把规律性的知识教给学生，然后请学生当堂解决关于鉴赏的问题，学以致用，获得了很好的课堂效果。这节课就是本着"想法"去落实为"做法",又归纳出"说法"的原生态的家常课。

2004年我当了教研员后,也总上课,但是没有了"自己的队伍",就都是借班上课了。除了被一些学校邀请上课外,还有些课被安排在全国范围的青年教师赛课现场,我的课被标为"示范课"。这些课也有"观赏性",因为不是自己的学生,也就难称作家常课。不过我认为没有谁有资格上"示范课",我的定位是"研究课",而且努力把所谓"示范课"上成家常课,不加雕饰,原汁原味。为此我坚持邀请方"点课",我按照教学进度上课,不计较所谓成功与失败。我的"九字诀"从自己的课堂走向别人的课堂,在更广泛的范围内去打磨、完善,渐趋佳境。

"导师工作室"直接催生原生态教学观。2012年3月12日,"张玉新导师工作室"正式挂牌,这是吉林省教育学院对我教研工作的充分肯定,是对我教研特色的充分认可。我以课堂教学为切入点,力求培养更多的"全能型"青年骨干教师。这一年我上了20多节课,都是随着所到学校的进度,不试讲,不雕饰,全程真实"现场直播",然后学员们评我的课,我"以身试法",毫无保留。

在评课时大家直觉地称我的课很"原生态",这就是我的原生态教学观的正式登场。

我在调研中发现,很多学校都加快教学进度、延长教学时间,把语文教学窄化为试题训练。学生在这种超长的教学时间内饱受煎熬,教师只好稀释教学内容,因此无法让每节课都鲜活、生动。其结果是:教师身心疲惫,产生深度职业倦怠,学生厌学,教学效果极差。有的学校在高一下学期就把必修、选修教材讲完,开始所谓的"一轮复习"——完全针对高考的试题训练。这样的教学,无论教师还是学生,都不能进入正常的教、学状态。这样糟糕透顶的家常课必须加以改变。为了改变这种大范围的变态常态化的局面,我开始进一步打磨原生态教学观。

"原生态"这个新生的文化名词,最近在各种媒体之间广泛流传,我只借用它来总结关于语文教学的一种主张。原生态语文教学观,着眼于语文教学的"返璞归真":教学上的立意是,立足于方便学生学习的教学,而不是方便教师教学的学习；教学艺术上的立意是，摈弃雕饰与浮躁，讲求朴实、扎实、真实；学习上的立意是，以生为本，回归到学生真实的生活世界，尊重学生的自然本性，以学生的现实水平为基础，使其在教师的指导下得到普遍的提高；课堂氛围上的立意是，学生在场、真实参与的，没有虚饰的，富有诗意、灵性、激情、浪漫、朦胧、神秘、美感的，自然真实的课堂教学状态；学习方式上的立意是，学生在自主、自由的学习中体会到学习的快乐，激发学习的热情、内在的潜能，能主动地探究、发展，并形成良好的学习习惯；课堂教学魅力上的立意是，学生在语文学习过程中经常产生高峰体验，使人有豁然开朗、幸福快乐、欣喜若狂的体验，常处于自我实现的状态。

原生态的语文教学就是以生为本，让语文学习回归到其内在规律上来，在语文学习中启迪灵性，追求语文学习之道。

原生态教学观观照下的原生态语文教学，除了古代诗歌教学"九字诀"，我还总结出阅读教学的"三部曲"（宏观阅读、微观阅读、比较或归纳阅读），写作教学的"两步走"（"如水附形""装水入瓶"）等操作范式，以及诸多变式。工作室的学员在践行操作范式中获得了很好的成绩，几个范式在吉林省得到推广。

不同的厨师烹制的家常菜特点不同，糟糕的厨师的家常菜没法吃；不同的教师执教的家常课特色各异，有的教师的家常课很糟糕。魅力的表现形式丰富多彩，魅力恰好是教学效率的保障。我更倾向于把魅力定位成课堂教学的美，而美与效率是语文课重要的两翼，不可偏废，否则不能"飞翔"。我的家常课魅力恰好体现在原生态。观察别人上课，有魅力的课各具魅力，总是有共同的因素，这就是规律性的、可借鉴复制的经验。

本书并不着意于建构魅力家常课的严密体系、具体操作程序，而是着眼家常课中的散点问题的解决。魅力家常课因人而异，难以穷尽其妙，而解决了家常课中常见的问题，就是在建构魅力家常课。

第一辑"课堂是专业成长的舞台"，对语文教师专业发展做出质性评价，又通过对优秀语文教师专业发展的个案研究加以佐证；有对大型赛课案例的诊断，也有对自己的个案的剖析。第二辑"上好家常课才见真功夫"，比较全面地论述各种文体、各种课型家常课的基本操作规范，包括非文学类文本、文学类文本，讲读课、自读课，还有活动课；有的是对观点直接阐述，有的是结合案例进行诊断。第三辑"怎样上出原生态的真实好课"，论述上好家常课的关键要素，包括内功的锤炼——读书，灵性的启迪——思维；还有我上《断魂枪》一课的"全息"镜像，有备课资料，有教学设计，有课堂实录（节选），有教后反思，展示阅读教学"三部曲"的操作范式；还有对古代诗歌"九字诀"操作范式的介绍。第四辑"可以这样构建魅力课堂"，呈现我个人的四个教学案例，一节古文教学（初中），一节古诗词教学（高中），一节议论文评改（初中），一节记叙文评改（高中），两节作文课体现了我的作文教学"两步走"的魅力。这四节课都是被我当作家常课来上的"示范课"。

　　作为基础教育工作者，把自己的阶段性思考、实践的成果呈现给语文同行，就教于方家，获得更大的教益，同时也为同道提供批评的靶子，促进语文教学的发展，这样的初衷促使我不揣固陋，做"美芹之献"。

张玉新
2019年3月

第一辑

课堂是专业成长的舞台

CHAPTER 1
怎样上出魅力家常课

本辑要点

- 优秀语文教师的三个维度
- 四位优秀教师专业成长舞台上的精彩表演
- 寻求"量"与"质"的动态统一
- 寻求教师、学生、文本之间的动态平衡
- 学情永远是教学的前提

常言道，台上一分钟，台下十年功。演艺界尤其是传统戏曲界这句充满智慧与汗水的至理名言，在教学上也颇具"亲和感"。从艺术的角度看教学，"表演"的成分真实存在，只不过有的是"本色"的，有的是"炫酷"的。单从"台上一分钟"看，不仅可以窥见"台下十年功"的端倪，也可以窥见"十年功"转化的智慧与艺术。在课堂这个"舞台"上的"表演"是具体可见的，"台下"的刻苦练功却无法"全程跟踪"。从这个意义上说，课堂是专业成长的舞台。

上好家常课是优秀教师的起码标准。《优秀语文教师的三个维度》论述了专业发展的三个维度：第一个维度，看其专业发展处在模仿、独立还是独创阶段；第二个维度，看其教学境界追求的是"技""术"还是"道"；第三个维度，看其教学目标关注效果、效率还是效益。《四位优秀教师专业成长舞台上的精彩表演》对董一菲等四位优秀教师专业发展的案例进行了研究，从这三个维度能描绘优秀语文教师专业发展的轨迹。

吕叔湘先生四十年前提出语文教学少、慢、差、费的论断，这种现状至今没有根本改观。如何提高语文教学的效率仍是当前要解决的棘手问题，《寻求"量"与"质"的动态统一》是我对此问题的主张。

青年教师参加全国大型赛课，总的说来要呈现出教学风格最稳定的部分，根据学情设计教学，《寻求教师、学生、文本之间的动态平衡》论述了我关于如何把"赛课"当作家常课上的主张。

我也上观摩课，面对不熟悉的学生，《学情永远是教学的前提》中有我最深切的体会：要根据不同学校的具体学情去规划教学设计，在更大程度上体现课堂教学的"生成性"，上"散装"的课，上家常课。

优秀语文教师的三个维度

我经常被青年教师问及什么样的课是好课，什么样的教师是好教师。结合近年来在全国几个大规模赛课中听的课、评审"一课一名师"听的近百节高中语文课，试对上述提问做一粗线条梳理。

好课与好教师不能割裂评价，姑且谈谈我对好教师的看法。仅凭一节课评价教师不准确、不公平，通过一节课也能看出教师的一些优点与不足。处在不同的专业发展阶段的教师，教学境界不在一个层次，教学效果自然存在极大差异。动态评价、差异性评价或许更能切中肯綮。

第一个维度，看其专业发展所处阶段

模仿教学阶段："照葫芦画瓢"，向身边比自己成熟的教师学习，要历经的时间恐怕得三五年。这是教学打样阶段，需要辨识力，分清榜样和伪榜样。如果师父本身就不够分量，徒弟能模仿出什么模样？处于模仿教学阶段的青年教师，一定要有心计，看准模仿的对象，否则，将付出惨重的代价，将难以走出较低的教学境界。

独立教学阶段：已有"一定之规"，在模仿教学的过程中逐渐有了自己的认识，开始尝试根据学生特点组织教学，可能已经在同龄人中崭露头角，也开始有了初步的教学成就感，甚至在某一个方面形成了一定的特色，有了一定的专长。还可能对一些曾经模仿的对象开始产生某种批评，告诫自己避免某些做法，开始有了教学风格上的追求，不盲从，不跟风了。这是为将来形成教学风格奠基的重要阶段，也是避免被教学倦怠压垮的重要时期。阶段性的成就感促使你不断进步，迈向更高的台阶。

独创教学阶段：已有"质的飞跃"，可能有的教师历经十年以上进入这个阶段，对学科本质规律有了较深刻的认识，能够把自己的学养和学生的具体情况有机结合起来，对各种类型的课都有了自己的主张，有了更扎实的根底，超越了为生计而奔波的浮躁，能够沉下心来，发现行行都可以干出点名堂，只要肯付出。在一定的范围已经有些声望，被更多的校外同行认可，自己也感受到了更大的成就感。也就是能够根据自己的想法去做，并且大致做出了点样子了。自身的人性人格，则是制约这个阶段教师进一步成长的关键因素。

当然，这几个阶段往往并不能分得很清晰，常常是一个较低的阶段中包含着更高级阶段的因素，台阶的上升是由渐变到突变的。

模仿阶段，就看会不会选择对象模仿；独立阶段，就看能否独立处理教学；独创阶段，就看有没有形成特色。

第二个维度，看其教学境界的层次

以教师为终身职业就必须不断提升自己的教学境界：从探索"技"到探索"术"再到探索"道"。

"技"的境界：乃微观研究，即对课堂教学技巧的磨炼，还耽于一招一式，甚至磨出了一手绝活儿。但是"技"充其量只能让你做一名教书匠，尽管成为一名好的教书匠也非易事。随着教育观念的转变、教材体系的更新、教育对象的变化，"技"的作用将越来越暴露其局限性。"技"的积累，最终可能只是量的增加。打个不甚恰当的比方，修鞋匠可能是越老技艺越精熟，甚至臻于化境，可已体力不支、眼神不济，修鞋匠也当不成了。当他盛年时，或许过于在意自己的技艺，没有思考如何把自己的本事提升一个层次，把作坊"扩大再生产"。他只关注所修补的鞋的特点，把自己的责任或追求定位在修好所有的鞋，尤其是那些同行修不了的鞋，盼望所有需要修补的鞋都由他来修。只见树木不见森林，在森林里流连，而又迷途其中。

"术"的境界：乃中观研究，不满足于"技"的细碎、凌乱，将其提升为能贯穿"技"的说法，但不离于做法的层面。仍以修鞋为喻，若真练出精熟的技艺，不思在"术"上进取，那叫遗憾。所谓"术"，对修鞋匠而言就是不局限在技艺的层面，还要研究"鞋理"；不只考虑为何这样修补，更探究鞋为何要这么做而不那么做，到底怎么做更合乎脚，更适合行走。对教师而言就是不仅研究教材、教学方法，还要研究学生，研究学科的教育教学规律，在教学实践中不断创造适合不同教育对象的独特方法，适时选择活生生的教学材料，自觉地把教学实践经验向理论的高度提升。

此境界，已趋于教学意识、教学思想上的探索，且教学技艺的量的积累有相当的部分产生了质的飞跃，但更多的还是作坊似的个案研究，还缺乏高远的目标，还应该上升到对一般性规律的探索上。或者说，已经从森林中走出，对森林的草木都有了相当精确的认知，也知道森林在山中，却还停留在对山的仰视，"只缘身在此山中"，尚不能窥知山的全貌。

"道"的境界：乃宏观之旨归，是以探寻学科的规律为目标的归纳、概括，是确立说法的过程。"道"的境界，应该从本学科的教育教学实践出发，在充分研究教育教学对象的基础上，通过对个别对象学习规律的探索，概括出适合全体对象的一般性规律，并致力于发扬光大，让更多的教师在教育教学上少走弯路，让教育面向全体学生，使因材施教得以落实。

此境界不满足于精熟的教学技巧，更不停留在"进乎技矣"的"术"的层次，有胆量走出"庐山"，以更广阔的视野看本学科的教育教学，从"入乎其内"到"超乎其外"，既能"写之"又能"观之"。或者说，对"道"的追求，目的在于把"技""术"的经验积累上升到理性认识的高度，通俗地说就是朝着教育家的方向迈进。

此境界已经在"庐山"之外看"庐山"，并把"山外看山"作为"看山"的一般规律，"出乎其外，故能观之"了。这种境界已经对山鸟瞰俯视，山的全貌尽收眼底，了然心中，但并非"一览众山小"，而是越发尊重每一座山，不管高低大小。

在"技""术""道"三种境界的提升过程中，任何一个中间过程都可能让你成名因而停止探索，止步于这种境界；能坚持着而达到"道"的境界，无疑是教师的至高追求，要付出更多的努力。如果在每一个阶段都把操作与反思相结合，力求上升到更高的层次，则都是对"道"之境界的一次趋近。

当然，"技""术""道"并非截然分开的三个不相关的部分，三者之间较低的层次中可能包含了较高层次的成分，只是还处在不自觉状态。如果每一个以教育为终身职业的人都能追求"道"之境界，则教育幸甚。

在教育现实世界，大家往往都是从"技"这样的微观研究开始的，我并不认为这个境界是低级的、无聊的；相反，如果在没有教育经历的时候就先入为主地以"道"冠之，按照这"空穴来风"似的"道"去指导将要开始的教育实践，甚至你根本就没有实践的可能或者愿望，恐怕充其量也就是验证了他人之"道"，难以悟出自己之"道"。这样的例子在新课程被贯彻的过程中不胜枚举。还有这样的状况：一直耽于对细碎的技巧的痴迷，并将这种状态定格为终止状态，始终也没想过或没能超过自己的"技"，面对"空穴来风"似的"道"毫无招架之功，被这种伪"道"拆解得一地鸡毛，自己却一头雾水，这也着实是一种悲哀。

其实，从"技"到"术"这个过程十分重要且艰难，许多教师止步在这两种境界之间，竟然颇得心应手，名噪一时、名震一方，着实让人遗憾。

要是超越了"技""术"，而趋于"道"境，再回顾自己的练习"技"，琢磨"术"，就会发现自己悟得的"技"与"术"，都不离于悟得之"道"。"道"，就像那一根钱串子，而"技""术"则是一地散钱。

如果将语文教学看成是一头牛，语文教师练"技"则手中无非"技"也，求"术"则眼中无非"术"也，悟"道"则心中无非"道"也。要把自己的教学境界定位为"技""术"，还是"道"，完全取决于眼光、毅力与追求。

静止看，三个境界是递升的，后一个比前一个高；动态看，不是以"悟道"为目标，"技""术"再精深，也是较低的境界；具体看，"技"的境界就看他是否"技精"，"术"的境界就看他是否"术深"，"道"的境界就看他是否"道高"。

第三个维度，看其教学目标关注什么

当"高效教学"成为名噪一时的招牌的时候，毋庸讳言，许多课是负效、无效、低效的，真要思考一下教学的"有效性"问题。

教学效果："教学"是指教师引起、维持和促进学生学习的所有行为和策略，"效果"是指教师在一种先进教学理念指导下经过一段时间的教学之后，使学生获得具体的进步或发展。简单地说，就是通过教师的教学活动使学生产生了有效的结果。这里着重指"一课一得"式的教学效果，关注的是单位时间内的"质"。就效果而言，是从无到有，但绝非从零开始的"无"，而是在已有的效果基础上的由渐变到突变。教师在当下所关注的"一课一得"，长远看就是教学的效益。

教学效率：教师实施的教学行为和策略在单位时间内所完成的工作量即教学效率。这里着重指"多多益善"式的教学效率。教学有没有效率，并不是指教师有没有教完多少内容，而是指学生有没有学到什么或学得好不好。着眼点是"量"而非"质"的"效率"有悖教学有效性原则。

教学效益：教师的教学行为使学生获得了好处，这就是效益。这里着重指唤起动机、激发兴趣。如果学生不想学或者学了没有收获，即使教师教得再辛苦也是无效益的。同样，如果学生学得很辛苦，但没有得到应有的发展，也是无效益的。因此，学生有无进步或发展是教学有没有效益的唯一指标。

以"质"为教学目标的"一课一得"，强于以"量"为教学目标的"多多益善"，然而，只有把"质"与"量"有机结合，才有最佳的教学效益。

综上，从差异性原则看，处在不同发展阶段、不同教学境界的教师，只要达成在相应阶段和境界的相应水平，就是那个阶段和境界的合格教师；从动态性原则看，不断对现有阶段和境界进行提升与超越，立足于向更高阶段和境界发展，就是那个阶段和境界的优秀教师。

四位优秀教师专业成长舞台上的精彩表演

通过对优秀教师专业成长轨迹的扫描,可以获得多方面的启迪。以下四位成绩卓越的优秀教师的专业成长既有共性又有个性,大体可以看出他们在三个维度方面的状况。

从模仿经由独立走向独创

我同李万峰老师没有真实的交往机会,对他成长轨迹的扫描,系阅读文字材料。其工作经历十分明晰,十年一线教师,近十年教研员(目前为止);其成长之路也比较明晰,从模仿教学阶段开始,经由独立教学阶段,开始走向独创教学阶段。

模仿教学阶段表现出睿智

模仿教学阶段是每一位教师都要经历的"必由之路",没有谁一开始就会教学,都是从身边的、能够接触到的、具有模仿价值的范本那里"偷招儿"。可是,许多青年教师往往苦于所在学校没有值得模仿的范本,便选择了貌似"最佳"的范本开始模仿。由于缺乏辨识力,结果就是一蟹不如一蟹。李老师明智之处在于"初登讲台,广泛模仿",且钟情于名家。其聪明之处更在于当发现模仿名家并不奏效之后,及时盘点自己的家底,发现三点不如人:一是没有大家的学识,就难以举重若轻;二是没有关注学情,就水土不服;三是没有找到自己的"一技之长"。走出模仿阶段他靠的是睿智与反思，这是处于模仿教学阶段的青年教师应该借鉴的。

独立教学阶段练就"一技之长"

独立教学阶段高于模仿教学阶段，但很多优秀的青年教师限于种种原因（比如物质诱惑、仕途憧憬等等），止步于上一个阶段。幸运的李老师很快就走出模仿教学阶段，开始走向独立教学阶段，其标志就是通过引导学生广泛阅读从而激发学生仿写的兴趣，并以此练就"一技之长"。若就此耽于"技"，充其量是"横向发展"——把"技"精雕细刻得"水光溜滑"，某些全国闻名的教师就是把最高追求定位于"技"的层面。李老师没有止步，他开始广泛地搜集资料，力求穷尽；紧追专家，明确方向；广泛实践，寻找序列。这样的追求，就是在"知其然"之后的"知其所以然"，是自觉地把"技"的层次提升到"术"的层次。唯其如此，其成长轨迹是开放的，动态发展的。

走向独创教学阶段当以悟道为旨归

一般说来，能发展到独立教学阶段已属不易，如果没有对事业的执著，自身又缺乏过硬的功底，随时可能止步不前。李老师没有停止在独立教学阶段，仍在探索独特的教学之路，而且表现出以悟道为旨归的倾向。写下水文，在报刊发表文学作品，发表教育教学的文章，不断把自己定位为语文学习者，清晰地确定以学生为师的谦虚态度，力求把自己的做法变成独特的说法……这一切都表明他在向独创教学阶段迈进。他已经成为教研员，有条件把自己的做法推己及人，从而影响周边一群人，使其教学、教研之路更加扎实。

教师能上好课是最基本的条件；能写文章而且能够发表，算是具备了一定的专业根底，因此上了一个台阶；能不断把想法落实为做法，进而思考着把做法变为说法，就更加不易，甚至及者寥寥。万峰老师就是这样的一位老师。

耽于技而进乎技

李智祥老师任教于江苏省兴化市戴泽初级中学,从他的教学成长轨迹中可以清晰看到,诵读是他专业成长中独具特色、最稳定的要素。

耽于技是教学特色的起点

至今已有20多年教龄的李老师,十分钟情于诵读,初登教坛就以诵读获得成功。语文教师的"外功"的确很重要,比如出色的朗读、富于渲染的演说、美观的板书,这几项"外功"作为语文教师的教学技艺,差不多能应付大多数的教学状况,容易引起学生的羡慕、称赞、模仿。李老师被当地同行、名家称赞,就是因为其诵读的"外功"富于美感,使得课堂教学有"语文味"。

这一点给青年同行们的启示在于,教师要从自己的学业中找到自己擅长的"亮点",作为教学特色的底色与专业成长的基点。而现实状况却往往不尽如人意,许多语文教师没有"亮点",专业上没有特别的爱好,只能"以教谋生"而终其教学生涯。

不过诵读毕竟只是"外功",李老师并没有停留在"外功"上,在专家学者的启发下,他开始重视"内功"的修炼。

进乎技是专业发展的成长点

往往诵读出色的教师比较注重外在的、观感上的东西,能够把课文声情并茂地演绎得很生动,甚至可能用自己的特色"征服"学生的"小心眼儿"。在起步阶段这样做无可厚非,耽于此则无疑是陷于技。李老师不然,在名家的指点与自悟中"破茧而出",开始通过增加内蕴、书底儿来丰富自己,让自己的诵读不断显得厚重,在教与学、主导与主体等方面有了新的收获,从而走出曾经奉为"圭臬"的诵读之"技",开始寻求"进乎技"的诵读之"术"。

任何人的专业发展都会受到诸多条件的制约,李老师也不例外。作为不曾谋面的评论者，仅凭有限的文字材料难以窥知李老师专业发展的全貌，管中窥豹自然不免片面，但我还是想同李老师交流一下自己的感受：希望李老师能在成果的文字化上有所提升，也就是不断把自己的做法升华为更具启发意义的说法，而说法又取决于自己书底儿的厚度。当下，许多优秀的语文教师在把做法升华为说法这一点上有待进一步努力。

一位有特色的语文教师必然有教学专长，无论是"技"还是"术"，但那不是终极目标，李老师已经在这条道路上获得了长足的发展，祝愿他能在此基础上悟得语文教学之道，这或许就是"一个语文追梦人"所追的梦。

从优秀的语文学习者到优秀的语文教师

柳咏梅老师跟我在中华语文网上多有交流，是未曾谋面的老朋友。看到叙写成长的材料，更加深了对她的了解，其成长个案恰好可以回答青年语文教师问的"如何成为优秀的语文教师"之类的问题，能给他们以启迪。

先把自己定位为语文学习者

柳咏梅的梦想是成为一名优秀的语文教师，但她首先把自己定位成一位勤奋的语文学习者。

一般青年教师刚刚工作的前几年，一旦学校指定了师父，往往亦步亦趋；若是真正碰上了行家里手，算是幸运，否则"一蟹不如一蟹"地发展下去，最后自己都瞧不起自己的教学水平。幸运的柳咏梅没有被指派一位师父（因为她不是应届毕业生，而是从高校调入者），使得模仿教学阶段客观上被缩短，不得不进入独立教学阶段。更幸运的是她没有被日常教学和常规管理压垮，而是审时度势地选择磨砺自己，修炼自己的内功。很多青年教师都被压垮了，教育理想往往在现实面前被撞得头破血流，于是顺应了这样的常态，惯性地坠入平庸。柳咏梅则是盘点大学学习以及高校工作时的"存货"，选择恰当的角度——钻研课文，用文本解读来磨砺自己，以涵养语文修养，找到治学的路径，形成自己的特色。这个阶段最明显的标志是，抛开教参自己备课，个性化地研究文本解读。这正是进入独立教学阶段的明显标志。可以说，模仿教学阶段越短，进入独立教学阶段就越早，其专业发展往往越好。

就抛开教参这一点来看，其具体的价值在于，独立解读文本比参照教参有效、高效。这是"一次性"备课，认真研究文本属于从文本的核心走向外围，解读具有某种个体性、原创性，新的文本意义的获得很快就内化为自己的积淀，就可以腾出更多时间"充电"。而大多数青年教师则是从教参或其他参考书走进课文文本，这是"反复性"备课，以为从外围走进核心更快捷，而实在是欲速则不达。别人的观点再好，对你也只是二手材料。并且，他们往往在网上搜索材料，无关信息、干扰信息、错误信息杂糅在一起，分辨都很辛苦，浪费了宝贵的自主解读的时间。长期这样"主体不在场"地解读，其教学必然是用别人的话说别人的事儿，很难成为教学中的"这一个"。

我十分认可这一点：要想成为优秀的语文教师，必须首先做一名优秀的语文学习者，就像柳咏梅这样。

成果的文字化是优秀教师的重要标志

教学中不断反思、调整，边教边琢磨如何才能教好，能这样做的青年教师不乏其人，而且很快就能在一定范围内小有名气，尤其在一些局域性的教研活动中言论被同行认可，但往往拙于或懒于将自己的教学思考、具体做法用文字记录下来，甚至一些在当地很有名气的教师也是如此。柳咏梅就能把自己的教学与研究的成果文字化，在专业期刊上发表，以获得广泛的认可，这种认可又成为进一步前行的动力。做到这一点并不容易，专业期刊种类并不多，能在其中谋求一席之地，就是对教学与研究能力的最好检验。

从功利境界趋向功德境界是优秀教师教育观的不二选择

教师身上带有功利性是普遍现象，尤其工作伊始更迫切地希望得到认可，柳咏梅工作之初也如此，比如她沾沾自喜所教两个班级的平均分；就连她在工作之初教学上没有得到更大发展的时候，十分注重班主任工作，关注与学生的融洽交流，也不乏功利的成分。关键是她不断克服这样的肤浅的功利追求，不断往道德境界提升，在更大的范围付出，"赠人玫瑰"。

她和其他四位语文教师组成了苏教"五人行"团队，就是其渐趋道德境界的明显标志。因此，我觉得她把自己从一名优秀的语文学习者提升为一位优秀的语文教师，其中业务上的孜孜以求固然重要，而不断提升的职业道德才是其成功的内驱力。

无论请她去上课，还是主动去送课，都说明她已有了一定的知名度；而根据对方的要求上课，无形中增加了备课的负担与成本，但她从中获得的是更大范围的业务功底的夯实，也是对自己短板的弥补，甚至是通过"献丑"来获得真实的成长。把人家的要求当作夯实自己功底的命题对待，这样花血本备课是值得赞扬的。"点菜式"的"送课"是优秀教师功底的体现，更是教育观念的升华。当今活跃在语文江湖中"走穴"的许多著名教师，往往"一课讲遍大江南北"，不顾你的进度，不问学生状况，不管学过与否，总之就拿自己烂熟于心的那节课包打天下。如此做法自然降低了备课成本，是否也存在着功利化问题？柳咏梅"点菜式"的送课，这是她尊重学生、尊重教学规律的体现，是她不断走向教育的功德境界的标志。

诗意语文，独创教学阶段的鲜明标志

以教学为业的职业教师，大约要经历模仿教学阶段、独立教学阶段、独创教学阶段。事实上，大多数教师终其职业生涯也没能脱离模仿教学阶段，能够走向独立教学阶段已属不易，遑论达到独创教学的境界。我以为，这个境界最起码的标志，便是教师有自己的教学主张，有比较稳定的教学风格，有独具特色的教学操作范式以及变式；还要有一个群体主动践行其理念，乐于实施其操作范式及变式，而且在教学中有良好的收益；更为重要的是，其教学主张不是一个自我标榜、故步自封的系统，而是富有张力与包容性的动态生成系统。

以上述标准衡量董一菲老师，"诗意语文"的主张以及教学实践，正是她进入独创教学阶段的鲜明标志。

扫描一位名师的成长轨迹，对渴望成长的青年教师多有裨益。我觉得最有借鉴价值的有以下几点。

书底儿的厚度垒起了她发展的高度

首先是基于兴趣的阅读让她的童年有了充盈的灵性。从她对自己语文教学生涯的叙述中可以看出，良好的启蒙教育让她赢在了起跑线上，扎实的童子功是其良好家风的自然结果。从识字开始，有了以用字为目的的阅读，从阅读中获得成就感，读书的通道打开了，而且一发不可收，使她在未读大学之前、未当教师之前就成了一位"书女"。反观语文教师群体，选择学习大学中文系的，读书成为生活习惯者盖寡。她的识字经历也启发我们反思当前以随文识字、分散识字为主要方式的小学语文教学，我们应该关注韵语识字、集中识字。

其次，集中的专业阅读让她掘得了职业生涯的第一桶金。虽然她没有过多叙述自己在大学时代的读书情况，可是，当读书成为生活习惯，并因为喜欢读书而选择中文系的董一菲，岂肯放过大学的黄金读书期？

再次，持续的职业阅读让她的教学具有书香味儿。读书的底蕴是促使她成为语文教学中的"这一个"的重要前提，肚里有墨水儿，对教材文本的解读不会总处于"仰视"的姿态，而是"平视"乃至"俯视"，这就让她仰望到了独特的"语文的星空"，演绎了富有"诗意"的语文人生。

最后，刻苦的建构性阅读让她从读书走向著书。教书生涯中，坚持读书已属不易，若能走向著书，岂可不经历刻苦的建构性阅读？而这样的著述，她还在继续着。

读书、教书、著书，是她成就诗意语文的一个重要维度。

把做法变成说法铸就了她诗意语文的厚度

很多青年教师学习老教师的时候，主要模仿人家的做法，不明就里，照葫芦画瓢，不敢对老教师的做法有所质疑。究其原因，在于自己没有一个基本评价，其实就是没有自己的想法。董老师不是这样，她一开始就有自己的想法，她的教学不是一味地模仿别人，而是去落实自己的想法，把自己的想法变成了做法，不断通过做来调整想法；更为可贵的是，她不断把做法上升为说法，也就是把自己的实践经验转化为个体实践性知识，用自己的独特感悟去表征那些可意会不可言传的缄默性知识。

这一点尤其值得青年教师借鉴。教学艺术的迷人之处就是其独特性。即使是学习名师，也要考虑自己的实际情况。学习名师的精神实质，而不是某些做法，否则学到的只是皮毛，限于"邯郸学步"，不可自拔，丧失自我。

想法的落实便是做法，把做法上升为说法，是诗意语文能走得更远的一个保障。

通过推而广之打磨诗意语文的亮度

董一菲的诗意语文的形成不是一蹴而就的，自有其不懈追求与刻苦钻研，也是博取百家之长的过程，采百花之粉酿独特之蜜。分享、传播，是诗意语文走向更大范围、让更多语文同道得其泽惠的善举。她建立诗意语文公众号，团结来自全国的语文同仁，调动大家共同建构、丰富诗意语文，一时拥趸甚众，口碑极佳。这就是一个以诗意语文为核心的语文教师专业学习共同体，大家有着共同的愿景，分享共同学习的经验，展示在诗意语文理念指导下的语文教与学的成果。诗意语文已经成为语文教育界一道亮丽的风景线，董一菲也成了这一风景线中闪亮的明星。

富于书卷气的"书女"魅力，为诗意语文增加了亮度。

诗意语文的底色是诗意的生活

董一菲的诗意语文不是她的全部，那只是她的职场定位，而其底色是诗意的生活。语文教师的生活本该是丰富多彩的，职业的执著与刻苦是需要的，但是不要忘了这样一条常识：不精心营造富有诗意的生活，休想让教学富有诗意。教学是生活的组成部分，不可割裂生活而片面追求所谓的"诗意语文"。这也是我特别想与青年教师交流的个人想法。

她的叙述中还有一点给我留下深刻印象：始终把自己定位成语文学习者。她始终是一位优秀的语文学习者，因此诗意语文会越走越好。这一点非常重要,很多语文老师缺少语文学习的经历与毅力,却想成为优秀的语文教师,这是不可能的。如果你没有董老师那样的家教,没有比较好的语文启蒙,没有形成读书的习惯,你也错过了大学期间的专业阅读,没有自己喜欢的专业,以至于中文系的四年仅仅读了规定的教材,这都没关系。请问,你有没有从职业阅读开始为自己打下一个读书的基础,有没有"啃"读一本垫底的书,有没有打磨一节精彩的课,有没有写一手好文章的素养?如果这些都没有,而且你还不想开始相应的"恶补"历程,那诗意语文与你无缘,语文与你无缘,你还是改行吧!

寻求"量"与"质"的动态统一

长期以来困扰语文教学的"少、慢、差、费"问题,在实施新课程的当今仍然是个困扰。很多教师还没有真正弄懂语文教学的任务、语文学科的特点、语文学习的特殊性。专家也没有弄明白。圈里圈外的人士固然出于好心,瞎子摸象似的就各自所"摸"到的部位发表宏论,阐述"摸"的技巧。当然,本文也属瞎子摸象之类。

已经实施新课程的省份的语文课与未实施新课程的省份的整体上有没有区别?实施新课程的省份教师个体在新课程实施前后上的语文课有没有本质不同?未实施新课程的省份的教师所上的语文课就没有新课程的因素吗?这些问题都难以简单肯否。

据调查,进入新课程省份某校的教师,《烛之武退秦师》讲七节课,《鸿门宴》讲十节课,教材所有篇章都细讲,得知此事我曾当面挖苦说这是"用自残的方式残害学生,用认真负责的假象误人子弟"。一篇短文讲上两周,不外乎"逢山开道,遇水搭桥",碰到什么讲什么。于是疾呼课时不够,许多学校把规定的每周四课时增加到五课时,周六再增加一课时,加上相当于两课时的晚课,每周实际上为八课时。这是很普通的课时"量"。量多而无质:课时"量"的积累并没有促成"质"的飞跃,甚至从小学到高中学习语文12年,也没有很大突破。

一次新课程研讨会上,某省教师上观摩课只讲《短文三则》中的一则;某省新课程竞赛,多位教师只讲《诗三首》中的一首。这是"量"少亦无"质":课堂容量小,也没有实现"质"的转变。

根本转变学习方式是提高课堂教学效率的前提

《基础教育课程改革纲要（试行）》指出："改革课程实施过于强调接受学习、死记硬背、机械训练的现象，倡导学生主动参与、乐于探究、合作学习。"《普通高中语文课程标准》（2003年版）在"教学建议"部分规定，语文教学要"积极倡导自主、合作、探究的学习方式"，这是新课程学习方式转变的核心理念，是对传统语文教学重接受轻探究、重认识轻体验的接受性学习方式的扬弃。这一理念强调学习和发展的主体是学生，学生在课程与教学中的主体地位得到了真正的确认和尊重，调动了每个学生的参与意识和学习积极性，一定程度上促进了学生学习方式的转变，给语文课堂面貌带来了生机。

其实，教师在单位时间内完成的工作量不一定转化为学习的"质"。探究"量"与"质"的统一是提高课堂教学效率不可回避的问题。这里的"量"指课时量，也指完成教学任务的工作量；"质"着重指学生对教师传授的知识的有效接受与能力迁移。不管学校安排多少课时，教师使用多少课时完成教学任务，如果学生仍是一味被动接受，都不足以使之达到"质"的飞跃。问题的关键在于，要转变学习方式。

据调查，高中生面对课文文本（以文言文为例），借助工具书和书下注释能够读懂50%~70%。以上述把《烛之武退秦师》讲七节课为例，同样是七课时，如果前面的六课时教师指导学生如何使用工具书检索有关文言词语、基本弄懂文章大意（基本情节），并且提出未能独立解决的问题，尝试同学之间探究解决，实在解决不了的拿到课堂上师生共同解决，那么，一课时足以完成教学任务。这样安排教学，教师强化培养学生良好的语文学习习惯，学生成为学习的主人，获得语文学习的正确方法，经过今后语文课堂的巩固、积累，自然达到语文学习的"质"的飞跃。

这里"质"的飞跃似乎"量"也很大，但同铺天盖地、教师包办、昏天黑地"讲"七课时而没有达到"质"的飞跃的性质不同。这样的大"量"投入只是在初期，学生没有形成学习习惯的时候，"量"的投入是值得的，再逐渐地减"量"而增"质"。可是如果教师没有促成学生学习方式的根本转变，只靠单方面去完成工作量，在课堂这种特定时空完成的任务再多，也是难以取得实效的，因为学生没有真正动起来，一切提高效率的方法都难以实施。

学习时间前移是提高课堂效率的基本途径

课堂教学的时间、空间、内容都是相对固定的，时间长40多分钟，空间几十平方米，内容多由课本规定、教师有限选择，这都制约学生的发挥。通常情况是：学生没有形成较好的语文学习习惯，不能独立自主地学习，课堂上才接触课文，根本不了解课文的基本内容，只好被动听教师讲解。课前没有浏览课文，也提不出问题，就由教师满堂灌。这样一来，学生是在"听课"——彻底沦为"听众"，主体不在场；教师是在"演讲"——彻底变成独角戏。师生不能真正对话，因为没有话题。课文一般都比较长，所有环节都在有限的时间内去落实，则难以完成任务。这就要求教师指导学生把熟悉文本基本情况的任务在课前完成，实现学习时间的前移，课堂则作为讨论重要问题的舞台。

我听过一堂省级教学竞赛课：一位教师同别校学生用一课时学习《灯下漫笔》，班级是某市重点中学重点班。课前教师要求学生自读课文，提出自己解决不了的问题。课上，教师请学生提出自己的问题，由教师写在黑板上，共计21个问题。然后教师请学生逐个擦掉问题，同时解释擦掉的理由。最后，只剩下一个问题："为什么作者认为中国历史只有两个时期，即暂时做稳了奴隶的时代和做奴隶而不得的时代？"最后，学生解决了问题，下课时间到。

这位教师在自己授课的班级"讲解"这篇课文时，学生没有提前熟悉文本，课堂上只见他抱了一摞参考资料，一会儿介绍某某的观点，一会儿宣读某某的成果，学生处于半睡眠状态。

检讨这堂课，教者终于认识到，学生在没有进入文本的时候，教师用比课文文本更艰深的文本阐释本来不算艰深的文本，学生完全沦为被动的

"听众""看客",主体不在场,课堂当然死气沉沉。在竞赛现场,学生全是尖子,有自主学习的习惯,探究能力强,积极性很高,并且有"为难"这位借班上课教师的意思,课前预习充分,课上思维活跃,解决问题欲望强烈,使得课堂充满激情与睿智,令听课教师几年后还回味这堂课。这堂课上,这位教师的最大成功是"没讲什么"。

在自己的班级全是自己讲,对学生就是"要你听(看)";在竞赛课上看似"没讲什么",实际上对学生就是"请你讲",由于学生学习动机强烈,"给点阳光就灿烂","请你讲"就变成了"我要讲"。

新课程教材(必修)由"阅读鉴赏""表达交流""梳理探究""名著导读"四部分构成。上面举例针对"阅读鉴赏"。"梳理探究"部分以人教社必修1为例,有《优美的文字》《奇妙的对联》《新词语与流行文化》三课,篇幅不长,内容丰富,如果不引导学生课前充分阅读、查找相关资料拓宽知识视野,仅仅靠课堂讲解是难以奏效的。再如"名著导读",如果课前对"导读"的名著没有一定的了解,课堂上只能是鸭子听雷了。

由于学习时间前移,拓展了课堂时空,从学习过程看,是增"量"而达到"质"变;但从课堂教学过程看,则是"量"少而"质"精。

恰当增删教材内容是提高课堂效率的必然选择

教材只是实现教学目的的凭借之一,不是唯一。任何教材都不可以完全"照本宣科",优秀教师善于"用教材教",而不是"只教教材"。

既然教材不是唯一,当然就要适当增"量",以促成"质"变;由于语文教材结构是文选式,单篇课文之间没有必然的逻辑联系,讲哪篇不讲哪篇一般不会影响语文学习效果,因此完全可以根据实际情况删除一些课文,以达到减"量"不减"质"。

增与删的标准,一方面根据学生的需要,一方面根据教师个人的学养灵活确定。

古代诗词、现当代诗歌、外国诗歌单元一般活动课效果好,可以增加一些诗篇,比如请学生自行选择喜欢的诗人的其他诗作推荐给同学,并在课堂上朗读。小说、戏剧等长篇节选作品，还可引导学生通读全书。这都是通过增"量"实现"质"变。

优化课堂结构是提高课堂效率的显著手段

优化课堂结构，就是剔除无效教学环节（这也是一种减"量"），统筹课堂动态的教学资源提高效率。

长期以来语文课堂结构都是由以下几步构成：介绍作者及创作背景、分析题目含义、归纳段落大意、总结中心思想、分析写作特点。一般说来，以上几个环节对解读文本是必要的，但不等于说解读文本必须按照这几个环节展开。这样的模式禁锢了对文本的精彩解读。

《荷塘月色》创作于1927年，作者又是一位有骨气的知识分子，于是创作背景被演绎成"四·一二"反革命政变，作者的"不宁静"便是源于对"四·一二"的不满，寻找重大政治背景就成了文本解读的重要任务，用重大历史事件诠释文本就成了必要手段。每堂课都这样解读，并且试图引导学生寻找其中必然的逻辑联系。由于多媒体的介入，很多有条件的教师把作者介绍、背景制作成演示文稿用电子屏幕展示，内容都是下载的词条式说明语言，使得或许有必要的环节索然无味，甚至令人生厌。有的教师则是请学生课外查找作者、背景资料，课堂上宣读；更有教师把作者介绍变成固定格式，什么生、死、名、字、号、籍等等，让学生背下来。

优化课堂结构，就要对许多环节精心整合。纵观教材，鲁迅的文章、李白杜甫的诗歌、《史记》的篇章都是教材中选择较多的，而且分散在不同年段。有必要反复多次介绍鲁迅、李杜、司马迁吗？虽然划分段落、归纳段意在解读文章时不能回避，也不必把这些当成解读文章的核心要素。至于写作特点，教师先列出条条框框，再用文章中的具体内容加以说明的做法，并不能使学生将所谓写作特点转化为自己的写作能力。

优化课堂结构，还要摒弃一些习惯成自然的教学方法。以"表达交流"为例，很多学校以课时不够为由将课堂作文变成家庭作业，作文指导也主要是写作知识讲解，作文讲评则是范文宣读。目前惯用的作文指导、讲评之法当在摒弃之列。

第一，关于写作指导。扬雄说："能读千赋，则能为之。"这是讲读书与写作的关系，多读书就会写作了。杜甫说："读书破万卷，下笔如有神。"也是讲读书与写作的关系，书读得多文章就能写得好。这两位都是大文学家，他们的经验之谈令人信服。

梁衡写文章一是学习司马迁，一是学习韩愈。他说从司马迁和韩愈那里学到了文章的结构章法。他是在研读司马迁、韩愈的文章时得到了关于写文章的启迪，又在自己的写作中不断尝试，读写结合，终于大成。这个今人学古人的例子有现实意义。

今人、古人都认为会写、写好文章来自多读书。可是，目前不少语文教师的阅读面普遍较窄，大于等于教材，小于等于教参。教师用编制试卷、做试卷来替代读书（也用同样的方法剥夺学生读书的权利），用系统讲解所谓"写作知识"来掩盖不会写作的真相（同时也误导学生），而学校又习惯用"全批全改"检查教师的工作（教学管理中最形式主义的作风）。不读书、思考，就难以形成写作能力，就不能教会学生写作。"全批全改"也批改不到点子上，只是徒耗心血而已。

第二，关于作文修改。《吕氏家塾记》说："欧公每为文既定，必自窜易，至有不留本初一字者。其为文章，则书而傅之屋壁，出入观省之。至于尺牍单简亦必立稿，其精审如此。"这是强调自己多改。既然作文的主体是学生自身，修改文章却是教师的事，主体不参与，不可思议。我们不能因为不曾尝试学生自己修改文章，就以学校、家长不同意，学生不习惯为借口，关键是教师自己要"立规矩"。你是这门课的专家、权威，你没有发言权起码说明权威性不够，你要先长能耐。

《世林广记·速成法》说："若改小儿文字，纵作得未是，亦须留少许，不得尽改。若尽改，则沮挫其才思，不敢道也。直待作得七八分是了，方可尽改作十分，若只随他立意而改，亦是一法。"这是强调教师少改。教师少改并不是偷懒、不负责任，而是在学生不得其法、水平欠佳时多改，容易令学生产生畏惧感，影响其才思的发挥。只有学生文章水平长进到比较好了，才做较大修改。古人的这条经验在今天也有实际意义。

教师应在修改文章方面立下这样的规矩：学生个人多改，学生之间多改，教师少改（改则点石成金），每次根据具体情况确定修改的标准，并逐步提高标准。作品修改的形式多种多样，在教学过程中教师可根据教学情景生成许多动态方法，提高学生作品水平，提高教学、学习效率，逐渐探索出一条新路。

寻求教师、学生、文本之间的动态平衡

2012年7月19日至21日，中国教育学会中学语文教学专业委员会"第三届'商务印书馆·中语杯'中青年教师课堂教学观摩研讨会"在安徽省池州市举行。我任初中组评委，对20日下午的5节课做现场评课，在此对16节课进行总评。

努力在文本和学生之间搭桥、摆渡，使搭桥和摆渡自然、没有障碍，便于学生过河，甚至学生愿意主动过桥过河，是教师要努力追求的境界。这就是在课堂教学中寻求教师、学生、文本之间的动态平衡。

这次观摩研讨会覆盖面广。选手来自16个省市，教龄从 5 年到20年不等；执教篇目有散文、小说、古诗文，也有现代文；有阅读教学，也有作文教学。在教学中所反映出来的进步和暴露出来的问题对当前初中语文教学来说有一定的代表性。

诵读是古诗文教学的主要手段

16节中有8节古诗文课。除安徽汪雅虹老师执教《香菱学诗》和上海张贤臣老师执教鲁迅古体诗《诗二首》(《自题小像》《自嘲》)外，其他6位老师不约而同地以诵读为主要教学手段，适合初中古诗文作品的特点——合辙押韵，整散结合，节奏感强。

最突出的是河北省沧州市第十四中学席惠敏老师执教的《湖心亭看雪》。她以读带赏，在指导朗读的过程中扎实地落实语文基础知识。她以手势引导学生寻找朗读"雾凇沆砀，天与云与山与水，上下一白。湖上影子，惟长堤一痕，湖心亭一点，与余舟一芥，舟中人两三粒而已"的感觉，学生的朗读立刻有了提升，很快领悟了文句意境；以记住文句开头字的背诵方法落实当堂背诵课文的教学目标。这两种方法可见出席老师教学之匠心：手势法化抽象为具象，很好地解决了教学难点；抓头背诵法则是教师教给学生的一种学习方法。遗憾的是席老师在下课的时候说"谢谢同学们的配合"，流露出她在课堂上的"主宰"意识，希望今后能端正教学意识。

山西省晋中市榆次区乌金山中学裴晓霞老师执教《与朱元思书》也较为突出。她以读代讲，以诵读贯穿始终，使课堂在琅琅的诵读声中悠扬地飘动。诵读在语文教学尤其是古诗文教学中有着不可替代的地位，但是很多老师或许因为自身诵读的功底不够好，往往以生硬的分析充斥课堂，学生在味同嚼蜡的解析中恹恹欲睡，甚至由此导致学生对语文课产生厌倦情绪。

两位老师的案例说明，巧妙设置诵读环节可以使课堂基本实现教师、文本、学生之间的动态平衡。

阅读教学不能停留在"是什么"的层面

无论教学长文本还是短文本，都不能停留在文本"是什么"这一认知层面，而应引领学生进入"为什么"是这样而不是那样的层面，使其从中获得有益的启示和审美享受，提升欣赏与审美能力。

湖南省邵东县一位老师执教的《小巷深处》（语文版教科书中的一篇文章），文章内容简单，篇幅较长，写一个盲人女子收养女弃婴并抚养成人，而养女随着年龄的增长开始反感养母，最后终于悔悟的故事。她重点分析文章写了什么这个比较浅层次的问题。篇幅较长，学生又没读过，所以教学推进比较缓慢，甚至有点凌乱；文本没有难度，挖掘又比较浅。若是联系主旨开掘，可以翻出一些新意。比如，主旨固然是讴歌母爱的伟大，可是面对着被生母遗弃的现实（我们甚至可以推想，生母不是盲人），收养自己的是一位盲人，是不是衬托出生母的残忍？这种残忍也是对母爱的一种衬托。

江苏省无锡市一位老师执教一篇自选文章《凡·高的坟茔》。从课堂流程看，她的教学设计紧紧围绕文本展开，首尾圆合，几乎无可挑剔。课堂语言流畅，掌控能力强，表现出教师比较稳定的教学风格，这一点就是我很看重的家常课上法。从教学目标可知，重点是把握文章主旨以及品味语言所传达的思想感情，属于"内容"层面；从教学效果看，的确落实了这两个目标。值得商榷的是，虽然很好地解决了"写什么"的问题，要是再向前迈一步追问"为什么"，比如，题目是"凡·高的坟茔"，文章为什么写了那么多表面看来与凡·高坟茔无关的内容？"从凡·高的画《向日葵》《农鞋》中你看到了什么"这个教学环节，有脱离语文之嫌。

以上两位老师都停留在"是什么"层面。安徽汪雅虹老师执教的《香菱学诗》一课比较好地体现了教师、文本、学生之间的动态平衡。她制定了"学习香菱勤勉好学，以苦为乐的求学精神，把握香菱的形象""感受香菱的悲苦人生，理解这一形象的悲剧之美"的教学目标，并通过"初识香菱—走近香菱—深读香菱—香菱悲歌—再读香菱—香菱颂歌"等几个环节得以实现。

福建省福州市四中桔园洲中学衷颖老师执教的《喂——出来》则前进了一步。衷老师五年教龄，在参赛教师中教龄属于较短的，却表现出不俗的教学功底和驾驭课堂的能力。她没有一味地分析这篇科幻小说"写了什么"，而是很智慧地引导学生梳理情节，品读探究，把视野引向了"这样写的好处是什么"。设置的问题恰当，能够引起学生的兴趣，重点阅读段落的教学也较好地解决了长文本处理上的诸多问题。在课堂活动环节的设置上也具有新意，请学生续写小说的结尾，强化对文本"为什么这样写"的认知。这节课是这次观摩课中处理长文本比较成功的范例。

随机应变是教学的基本要素

在日常教学中经常会遇到一些"突发事件"，比如学生对问题的认识和理解与预设相左，甚至背道而驰，教师是躲避、含糊其词，还是武断"扼杀"？马上要下课，既定的教学内容还没讲完，是继续讲，还是戛然而止？……从对这些"突发事件"的处理，可以看出教师专业素养的高低。

辽宁省本溪市高台子学校张琳琳老师执教的《金色花》，是被学生救活的一节课。请学生读课文，然后自己范读，请学生评价，一个聪明伶俐又十分可爱的小男孩儿指出，这样的散文诗还是我们孩子读比较好，老师读得不如同学读得好。这样的一席话激活了课堂，张老师及时抓住这个动态的课程资源，请这名学生当评委，评价课堂上发生的一切。这篇课文是七年级上册第五单元第24课《散文诗两首》中的一首，是自读课文。虽然教者在学生理解文本内容基础上，教了意象概念、意象选择的特点及抒情方法等内容，但不可否认的是这节课容量太小，应做适当拓展，增加课堂厚度，提高课堂教学效率。

广东省佛山市顺德区伦教汇贤中学的陈辉霞老师执教《爱莲说》，在与学生见面时得知学生学过的情况后，及时对教学内容进行了一定的改变，这一点我十分看重。陈老师大约也是五年教龄，但课堂驾驭能力强，很快拉近了与学生的距离。当让学生翻译句子"予独爱莲之出淤泥而不染"，以了解学生对课文的掌握情况时，她看到学生要使用教辅书便加以制止；当这个学生一个字也说不出来时，她没有越俎代庖，也没有找其他人来翻译，而是耐心地教给这个学生翻译句子的方法——古今词语替换、组词法……有了这个环节，后面的句子学生翻译起来流畅了许多。她还重点分析了"濯""亵"的字形字义，征引《易经》《论语》等典籍揭示"君子"的含义，增加了课堂的厚度。在最后介绍作者时所使用的描述语言，也取得了良好的效果。她的课也很好地实现了教师、文本、学生之间的动态平衡。

广西桂林市保贤中学周小龙老师执教的《给作文看病——作文修改课》，是本次活动中唯一的作文课，也是我最称赞的有教学创意和胆识的一节课。作文教学面临的困境比阅读教学还要严重，常规教学中作文教学无疑处于尴尬无奈的境地，更何况在这样的会议上上观摩课。周老师敢于大胆尝试值得称赞。他巧妙地设置"作文修改病院"，还别出心裁地给"病文"分科，引导学生"诊断病情""开处方"。这样的操作，拉近了学生与修改的"病文"的距离，使学生由从前被动地接受教师评语变成主动参与；

结合大屏幕，把以往静态的、教师的个人行为转变为动态的、学生主动参与的过程。当然，周老师给出的"病文"之"病"不像他分析的那样简单，因此使得他的"诊断"和"开处方"显得过于唯一。假如他在教学中能说出本文"病症"不止一种，但今天只治这一种，其他的留待以后依次"诊治"，好文章是改出来的等类似的意思，恐怕就能免去一些争议了。

发现问题是解决问题的条件。这样大型的赛课，执教者若没有家常课的一定之规，没有规范与灵动，刻意为了营造出好的课堂效果而为，忽视学情，不善于抓住动态的课程资源，不会上出好课。

阅读《教师月刊》
做一个出色的自我教育者

教师月刊

由华东师范大学出版社大夏书系团队精心打造

面向中小学幼儿园教师、校长（园长）、教研员

致力于建设健康的教师文化

给您青山绿水般的阅读体验

欢迎到邮局订阅2020年《教师月刊》

邮发代号：82-326

每期16元，全年12期192元
阅读热线：010-82275571

华东师范大学出版社 | 大夏书系 出品

欢迎团购

《教师月刊》2019年暑期合刊
"学习研究读本"

知道学生怎样学得好
教师更能教得好

继 "教育人文读本"（2010）、"教师专业素养读本"（2011）、"儿童研究读本"（2012）、"学校文化读本"（2013）之后，2019年第7、8期，《教师月刊》推出暑期合刊 "学习研究读本"。

关注学习科学的核心概念和关键领域
关注名校在改进学习方式上的经验和做法
关注名师在促进学生学习上的方法和工具
关注常见的学习困难问题的分析和解决

新学年校本培训的理想教材
新时代教师成长的优秀读本

每册定价32.00元
欢迎团购，30册以上优惠、包邮

团购热线 010-82275571
联系邮箱 daxiakefu@163.com

学情永远是教学的前提

参加全国高中语文教师赛课活动，负责点评最后一个单元的课，四节被我"差评"的课，其共性就是不顾学情变化，只关注完成预设的教学任务，导致教学效果差。赛课规则规定每位老师准备四种课型：现代诗文教学、古诗文教学、作文教学、高三复习专题。承办学校不同意高三学生参加教学活动，临时换成高二学生，这一变化已经在预备会时通知参赛者，至少有两天时间调整教学策略。我点评的就是抽到高三复习专题的四节课。这几位老师都是按照当下的高三复习套路设计教学，基本上以程序性知识为入口，先讲解，然后训练。都是省里推荐的选手，面对把高三学生换成高二学生这样的变化，无视学生有一年的认知上的差异以及在积累厚度上的不同，不能根据学情变化调整教学策略，不能不说是遗憾的。透露出来的问题，表面上看教师更关注完成既定的教学任务，不关注学情的变化；本质上却是教学根底不够扎实以及教学机智尚有欠缺。不能拿死的计划面对活的学情这样的常识没有达成共识，有的老师甚至认为，根据学情调整教学策略这是对教师的苛求。参加大型赛事，先要有扎实的教学功底与灵动的教学机智，而不是无视变化地"照本宣科"。对这四节课我以批评为主，让几位老师很没有面子，但是导向性必须强调，否则就是不负责任。

如果说上面提到的几位中青年教师还是"准名师"，那么，名师的课又如何呢？长期以来各种形式的名师"示范课""观摩课"层出不穷，这在一定程度上为渴望发展的青年教师提供了较好的课例，甚至有不少人从中找到了自己发展的方向。这些课往往教师也不熟悉学生，课前时间有限又不肯比较充分地了解学生，一些课同样存在着不足；而一些青年教师不明就里，误以为凡是名师的课就是好课，就应该模仿。名师的课堂同样要以具体的学情为前提。

作为有20年中学教学经历的教研员，我每年也上所谓的"观摩课"，自知也存在许多不足，但是在尽可能了解学生、选好教学的起点、与学生在课堂上真实学习等方面还是有一些值得借鉴的地方。面对不熟悉的学生，在上课前才与学生有极短见面时间，如何较充分地了解学情？我的做法是前置性学习，提前发问卷，与学生见面时收问卷，然后对问卷进行分析，根据学情确定教学策略。这种做法很"冒险"，可能手忙脚乱，还可能"丢丑"。无论是准名师还是名师，甚至"大师"，课无论多么"精彩"，若以在课堂上展示自己才华为出发点，把学生视为自我表现的棋子，不把学生放在眼里，不是通过教学促进学生的发展，则还没入流。

从学情调查中确定教学目标、重点及难点

教学目标的确定（包括重点、难点）必须来自学生的实际，主观臆断教学目标，很可能使教学出现偏差。

我在深圳一次"名师课"活动中执教《小石潭记》，根据教学进度报的课，在人教版八年级下册比较靠后的单元。本以为上课时进度差不多，当我到班级收提前发放的问卷时才得知，不仅这一课学完了，而且正在学九年级上册，是为了初三提前进入复习而抢进度。我一向反对在课堂上与学生一起假学习，这不仅是对班级任课教师的不尊重，更可怕的是把上课搞成作秀，学生成为教师自我展示的棋子，成为配合教师表演的道具。有的学生善意地告诉我，他们一定像没学过那样"配合"我。这是我不能接受的，我当即宣布，我们把这节课改为《小石潭记》的复习课。

以下是我的调查问卷：

1.认真阅读书下注释，查字典，大体上能读懂课文，能熟练朗读，最好能尝试背诵全文。

2.看看题目与课文之间有什么关系。

3.小石潭主要特点是什么？文中表达作者情绪的词有几个？

4.从课文中找出一个字概括全文特点，你找的是哪个字？

因为已经学过本课，第一题完成得非常好；第二题完成得非常不好，说明学生没有文体意识；第三题完成得也很好，说明任课教师在落实基础知识方面很扎实；第四题完成情况最为复杂，53人中20人找到了这个字，33人找的不对。

通过对问卷的分析，我确定这节复习课的教学目标为：

1.在已经熟读并能背诵课文的基础上，对能概括全文的"清"字达成共识。

2.理清本课的文题与内容的对应关系。

第一个教学目标同时是教学重点，因为多半学生对"清"能概括全文特点存在困惑，解决这个问题的可能性极大，毕竟有一少半学生对此有正确认识；知道的20人与不知道的33人可以通过讨论、争论达成共识，也就落实了重点。第二个教学目标是教学难点，所谓难点本质上并不难，但学生没有形成对传统文体独特性的认知，在教学中是从无到有的突破。

从教学过程看，以上教学目标及重难点的设定是恰当的，从学情出发是关键的举措。

从学情调查中确定教学的起点

如果是自己教的学生，我一定了解他们的相关积累，找到其"先拥知识"，因为每一节课都不是从零开始的。但是面对所谓"观摩课"，是否能比较好地找到教学的起点？这就更要关注学情，在有效调研中找到教学的起点。

我在南京市参加散文教学研讨会，执教《赤壁赋》。篇目是会议主办方提供的，系"点课"。上课之前看到课表，共同学习的是高二年级某班，而苏教版《赤壁赋》是必修一中的课文，学生已经学过。我于是调整策略，临时改为《赤壁赋》复习课。

具体做法如下：

利用上午课间时间到班级发放小问卷，有25人提交。我一边听其他名师上课，一边整理学生的问题，归纳如下：

1.是否在积累了实词、虚词的基础上背诵课文？

2.对"赋"这种文体有什么了解？（许多同学知道赋体的发展、辞采、对话体等）

3.对这节复习课有什么建议？

（1）落实文言词语、语法现象、句子翻译。

（2）谈一些与本文有关的作品，多联系后学的文章。

（3）向深处开掘，如思考作者写法的深意、作者的心境、社会背景等。

展示以上内容之后，我就对文言词语积累的问题提出建议，希望大家在平时用卡片积累，化整为零，厚积薄发。

教学重点确定为"向深处开掘，如思考作者写法的深意、作者的心境、社会背景等"，而课堂教学的起点确定为"苏子何愀然"。

在比较充分地诵读、背诵的前提下，引导学生寻找"苏子愀然"的原因，与学生共同探讨，并达成共识：苏子是听了客人的"呜呜然"的箫声才"愀然"的。再追问客人是怎么吹箫的，并达成共识——"倚歌而和"，解析"倚""和"的意思即可知"客"是根据苏子唱的歌词而配的乐；而歌中"香草美人"的特定意象并非如字面的意思，恰好有学生指出苏子的歌分明另有怀抱；这时回顾我把作者写成"苏东坡"而不是"苏轼"，引导学生回顾初中学过的《记承天寺夜游》与刚刚学过的《念奴娇》（赤壁怀古），了解作者在黄州的遭遇。至此，"苏子何愀然"这个教学起点顺利撬动了全文的结构，此时板书一个"情"字，既是对主与客此时情绪、情感变化的梳理，又是对作者人生遭遇的观照。再倒推到第一段所写的景，表面看来飘飘欲仙，却是在人生困厄之时，只不过作者手法高妙，含而不露，借着箫声才流露出"愀然"的心绪。

最后同学生探讨第四段怎样用一个字来概括，学生提出了变与不变是关键，我指出单从此段的议论看，并不能很好了解作者何以突破现实困境，学生在我的启发下用一个"理"来概括。限于时间，我把相关资料留给学生，请大家课后参考《庄子》《楞伽经》中的相关文字，体会此时的苏东坡不是靠着儒家思想，而是靠着佛老思想完成的思想突围。学生也谈了自己的想法，即作为赋，苏东坡虽然用了主客对答的传统结构，但"主"与"客"未必是两个人，很可能是理想的苏东坡与现实的苏东坡在争论，这正是苏东坡在人生困厄时的精神突围。

因为学生有要求联系一些课外的相关作品，我提供了几首词，并留一个弹性的作业：手抄黄州时期苏轼作品，并写一个小序。

动态生成的板书如下：

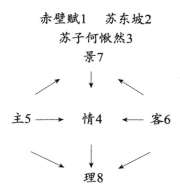

板书纵向三个字：景，情，理，这是全文的脉络；横向两个字，对着"情"字，左边写"主"，右边写"客"，这是全文的结构，强化赋的文体特点。

若是新课，我将按照文章顺序由景到情、由情到理展开教学；但面对复习课，根据具体学情，则不必从头至尾顺序展开，而是抓住"苏子何愀然"这个文章要领，从中间向前面倒推原因；然后再向后顺推"理"的层面，想深入探讨而课堂时间不允许，便将有效的资料作为拓展请学生课后自读。复习课不能面面俱到，要抓住一点深掘下去，让学生探测到深埋其中的宝藏。从课堂教学效果看，虽然高一阶段学过这节课，但当时教学突出的是翻译，未做深入的章法探讨，对"苏子何愀然"这个问题也没有涉及。我从学情调查中发现了这个问题，以此为教学起点是恰当的。

从学情调查中确定教学文本解读的切入点

学生对文本的认知与教师可能存在较大差异,若不对学情充分了解,教师的预设可能与学生的需求存在冲突。从教学的角度看,学生的年龄特点决定了不存在所谓的讲深讲透,并非教师对文本理解得越深刻就要把所谓"深刻"都教给学生。教给学生的,应该是最适合他们的。

我在郑州为参加国培的特岗教师按教学进度上了一节《愚公移山》"观摩课",事先向学生发放了问卷,问题整理如下:

1.借助工具书、注释疏通文字,力争课前会读;提出未解问题。

2.本文有几个人物,他们对移山持什么态度?

3.愚公移山对你有何启示?

学生提出的问题主要有三类:

第一类问题,对文体的疑问。学生对寓言有什么特点、寓言与其他文体相比有什么不同之处、列子是谁、《汤问》是什么内容等提出疑问,对于基本没有形成预习习惯的学生来说,文体知识直接告知他们最为便捷,但不能止于此。

第二类问题,对文本意义的疑问。班级50多人中有40位同学对"本文通过记叙愚公移山的故事想说明什么道理"存在困惑;与此相关的问题还有"愚公移山有没有意义";23位同学质疑"文章为什么要写二山的高大";16位同学提问愚公为什么要移山;10位同学提问为什么移山而不搬家;还有不少同学提问,如果没有操蛇之神的帮忙,愚公能否移山成功。

第三类,对文本细节的疑问。比如:文中用愚公和智叟进行对比有何用意?作者既然肯定的是愚公精神,为什么又说愚公"愚",智叟"智"?文章写京城氏之孀妻有遗男"跳往助之"有何用意?愚公为什么能感动天帝?众人为什么支持愚公?

综合上述三类问题,我把介绍寓言文体知识作为文本解读的切入点。学生经过课前预习,已能顺畅朗读课文,对基本情节也了然于心。我请大家联系小学以及初一学过的寓言故事,提问《愚公移山》故事是否真实,学生一致认为故事不是真事。再围绕第三类问题走进文本寻找解决方案,请学生对文中人物进行分类，学生归纳出支持移山派与反对移山派，我又追问为什么支持的人多、反对的人少，学生讨论后认为，两座大山其实象征的是困难，并非山本身。这时我又联系第二类问题，请学生讨论到底是移山好还是搬家好，学生一致认为，移山好，因为搬家就是绕着困难走，虽然自己比较省力，但山还是要挡着子孙后代以及邻居的路，这就顺便把为什么大家都支持愚公的问题也解决了。这时我又重申，寓言的特点，写的虽然不是"真事儿"，表达的却是"真理儿"。根据学情不仅确定了教学文本解读的切入点，同时又是着重点。

从学情调查中确定教学实施策略

教学实施策略是对教学目标的具体落实，对重点、难点的突破。为了教学过程流畅，很多教师都喜欢用封闭的教学设计，用演绎的逻辑结构，课堂教学的终点只能是认同教师的观点。这种做法先设好严密的逻辑圈套，然后使出浑身解数把学生拉进圈套。这样的教学实施，本质上是方便如何教的策略，不是方便学生如何学的策略，而我关注的是后者。

我在2012年4月执教《师说》一课，对学生的要求就是尽量查工具书，结合注释通读课文，然后把疑问提交上来。这所学校是普通中学，学生学习习惯也不是很好。即便如此，学生的好奇心和求知欲被任课教师调动起来，课前就自行进入了积极的学习状态，达到了"愤悱"的境界，动机被点燃，于是课堂的交流就比较流畅。学生提交问题比较晚，上课时打字员还没有把问题打印出来，我先与同学交流预习情况，检查诵读情况。我与听课的教师同时在课堂见到这些问题，根本来不及分类，于是就把分类当作问题，请学生现场完成，我也借此机会思考。这样的真实场景让我痴迷，我不喜欢让学生认同我既定的结论，喜欢学生推翻我的预设，从而师生共同达到一种全新的思维境界。我喜欢"无限风光在险峰"的感觉。学生提出的疑问如下：

1.本文的中心论点是什么？各段在文中有什么作用？

2.作者从哪几个方面论证从师的道理？用了哪些论证？对比手法的作用

是什么？

3.第二段主要运用了什么论证方法？揭示了当时怎样的社会现象？本文写作方法是什么？用这种方法的目的是什么？

4.本文为谁而写？何以见得？作者为什么为一个资质平平的李蟠写这篇文章？

5.作者为什么要强调从师？从师的标准是什么？

6.文中两次出现"巫医乐师百工之人"的作用是什么？

7.作者为什么发出了"今之众人，……而耻学于师"的感慨呢？

8.本文讲了许多跟从老师学习的道理，过多地讲道理会不会使文章显得死板？

9.作者的观点有哪些意义？对今天有什么影响？本文的风格是什么？写作特点有哪些？本文是写给李蟠的，其实质是什么？

10.作者是否以为李蟠写文来反映当时的社会？是否在号召莘莘学子虚心拜师呢？

……

从调查问卷中共归纳出17个问题，我确定了先做减法的策略，把解决不了的大问题删去，把和文本关系不大的问题删去，然后合并同类项，就剩下了7个问题。碰巧一个问题是另一个问题的答案，也减掉了。

面对学生提出的诸多问题，现场急中生智产生教学实施策略，学生对问题的删除过程就是深入文本的过程，师生在共同的"减法式"删除的策略中达成对文本的深入解读。

综上，无论是家常课，还是所谓"观摩课"，都要以学情为前提。教学一定要基于学生方便学，而不是教师方便教。

第二辑

上好家常课才见真功夫

CHAPTER 2
怎样上出魅力家常课

本辑要点

- 非文学类文本教学：形式即内容的价值取向
- 小说教学：确定文本内容与教学内容的关系
- 戏剧教学要定位在剧本的文学性上
- 诗歌教学同课异构：立足学情，展示根底
- 自读课：关键在于引导学生自己读书
- 语文活动课：基于专业学习共同体视域的设计

"家常课"并非一个专有名词,也不是有着严密的逻辑内涵与外延的概念,它只是相对于种种"非家常课"现象而使用的一个描述性的普通名词,但它又有某些确定的特征。比如师生都是确定的,教学场所是确定的,教学进度也是确定的。

在很多大型"观摩课"上,教师很在意课堂"表演"的效果,往往与关起门来上课的做法不同,往往不是真实水平的体现,而是集体智慧加于一人之身,不仅教学设计十分精巧,课件设计十分精美,甚至课堂语言与腔调都很不一样,很"唯美"。因为不是常态,难以复制,这种上给别人看的课就不是家常课。甚至可以认为,在观摩现场看到的课,都不是家常课。家常课不是给别人看热闹的,不是可以"表演"的,不是"口惠而实不至"的"面子工程"。

教学的价值取向上,我强调上家常课,一是强调真实课堂,二是主张把所谓"观摩课"也按照家常课的章法去上,不唯"观赏性",而唯"真实性"与学生的"获得感"。

这里诊断的几个课例都是我认可的家常课,多数是与自己的学生上的"关起门来"的课,有优点,也有不足,从课堂诊断的角度看,能给大家一些启发。诊断的类型比较全面,有非文学类文本教学,有文学作品的教学(包括小说、戏剧、诗歌);有单篇教学,有同课异构教学;有活动课教学,有自读课教学。限于篇幅,每一个课例诊断只就其中一点而不及其余,目的在于集中解决关键问题。

家常课是不经"化妆"的"素面朝天"般的姿容,很像平常过日子,天天如此。上好这样的课,才见真本事。

非文学类文本教学：形式即内容的价值取向
——《宇宙的未来》教学诊断

语文教学现状，文学教学独尊，非文学教学式微（与阅读相比，写作也式微，本文立论不在此，故不涉及）。有文学教育学会张扬文学教育，有大学学者将其文学研究的成果推介给中学语文界，有作家现身说法强调文学教育的重要性，这些都对推进语文教学有助益，可中学语文教学并非文学教育所能囊括、涵盖，还有非文学的成分存在。但是不仅少见类似上述学会及相关人士助推非文学类文本的教学，就是许多语文教师在教学中也排斥非文学类文本，可指导高考却强调不要答文学类文本阅读，只关注非文学类文本阅读，因为选择非文学类文本答题得分高。

上个世纪50年代，曾经短暂搞汉语文学分家，虽然认为文学与语言属于不同学科，当用不同方法教学，至少认可文学非语文教学的全部。若以两翼为喻，文学与非文学文本教学是语文阅读教学的两翼，文学类文本教学羽翼丰满，而非文学文本教学羽翼凋零，故飞行姿势很难看，不能展翅翱翔。

基于以上现状分析，杨虹老师2010年10月在松原实验高中执教的省新秀课堂教学展示课，彰显出她对非文学类文本教学的理解，这里试做剖析。

案例呈现

《宇宙的未来》教学实录（节选）

【教学目标】

1.知识与能力：理清思路，把握文章主要观点；掌握阅读科学论文的基本方法。

2.过程与方法：学生自主合作探究提出问题并解决问题。

3.情感态度与价值观：学习霍金不畏困难、乐观自强的精神和严谨审慎的科学态度。

【教学重点】

1.文章主要观点及依据。

2.阅读科学论文的方法。

【教学难点】

宇宙物质密度的理解。

【教学过程】

一、导入

1.我们来看大屏幕上的照片，知道这个人是谁吗？

（明确：霍金。）

2.谁能给大家介绍一下他？

（生简介霍金，师补充。）

二、课文研读

师：大家预习了文章，读懂了没有？

生：没有。

师：那我们这节课的第一个任务就是读懂这篇课文。怎么才算读懂一篇文章？

生：知道文章中心。

师：这是最基本的，也是最重要的。我们这一单元学的都是自然科学论文，这类文章的中心就是作者的观点。怎么才能快速找到作者的观点？

生：抓关键句。

师：这样的关键句一般在什么地方？

生：文章最后。

师：那我们看看这篇文章最后有没有这样的关键句。

生：最后一段。

师：大家齐读最后一段。

生："所以，人们可以预言，宇宙将永远膨胀下去呢，还是最终将会坍缩。这要按照宇宙的现有密度而定。事实上，现有密度似乎非常接近于把坍缩和无限膨胀区分开来的临界密度。如果暴涨理论是正确的，则宇宙实际上是处在刀锋上。所以我正是继承那些巫师或预言者的良好传统，两方下赌注，以保万无一失。"

师：从这段话中我们看出作者对于宇宙的未来有何观点呢？宇宙的未来或永远膨胀或最终坍缩，这取决于宇宙的密度。

（板书：宇宙的未来——膨胀或坍缩——取决于平均密度。）

师：现在我们已经找到作者的观点了，那我们读懂文章了吗？我们还需要弄懂什么？

生：没有。作者是怎么论证这一观点的？写了几部分内容，与观点有何关系？

师：我们首先看一下作者写了几部分内容，与观点有什么关系。

（生分组讨论，代表发言，抓关键句。思路：预言的历史→预言的依据→预言的关键→结论。）

师：作者在论述宇宙的未来时运用了什么手法，有怎样的表达效果？

1. "例如，如果你稍微改变一下你旋转轮赌盘的方式，就会改变出来的数字。你在实际上不可能预言出来的数字，否则的话，物理学家就会在赌场发财。"

2. "这有一点像是再投胎。如果有人声称一个新生的婴儿是和某一死者等同，如果该婴儿没从他的以前的生命遗传到任何特征或记忆，这种声称有什么意义呢？人们可以同样地讲，它是完全不同的生命。"

生：比喻，生动形象。

师：对于文章我们还有什么不懂的地方？大家共同讨论。

（生提问，师生共研。）

生：作者要讲宇宙的未来，却先讲了许多历史故事，这样写起到了什么作用？

［师生合作探究后，明确：如同中国古代说书人先讲一段别的故事以引起正题一样，这篇讲演先从古代的先知和女巫谈起，以引起听众的兴趣，起到了引出话题的作用。而且告诉听众巫师和预言家的预言不是模棱两可就是错误百出，均不可靠，只有科学家的预言在某些情形下是可靠的（例如宇宙在非常大尺度下的未来）。］

生：为什么说我们可以预言"宇宙在非常大的尺度下的未来"？

［师生合作探究后，明确：1."发现了制约在所有正常情形下物体的科学定律。""我们仍然不能利用它们去预言遥远的未来。"因为混沌（不稳定）。"我们知道制约人类行为的方程，但在实际上我们不能预言它。"因为不稳定。结论：我们不能预言混沌的不稳定的事物。2."我们周围的宇宙正在膨胀……""这种膨胀是平滑而非混沌的……"结论：宇宙的行为在非常大的尺度下是简单的，而不是混沌的。因此我们可以预言宇宙遥远的未来。］

生：为什么作者说"人们可以预言，宇宙将永远膨胀下去呢，还是最终将会坍缩。这要按照宇宙的现有密度而定"？

（师生合作探究后，明确：宇宙可能会坍缩，也可能会永远膨胀。关键问题在于：平均密度是多少？仅仅依据观测证据，则可预言宇宙会继续无限地膨胀下去。但不能肯定宇宙是否会永远膨胀，因为可能还有暗物质没被我们探测到。初始密度不确定。现在宇宙刚好具有临界密度。1.人择原理：无限膨胀；2.暴涨理论：可能坍缩。因此，宇宙的未来——膨胀或坍缩——取决于宇宙的现有密度。）

师：（小结）有些句子放在文章语境中，结合作者观点和文章思路，我们就能理解。

有些科学术语和原理专业性很强，我们一时无法完全弄懂，但科学大门是敞开的，我们可以随时走进科学。

三、方法总结

师：刚刚我们用短短的一节课基本读懂了这样一篇比较复杂的科学论文，我们是怎样做到的呢？1.抓关键句，把握观点；2.结合观点，理清思路；3.关注语境，理解难句。

论述类文本阅读是近年高考的一个重要考点，相信在考场的有限时间内这种方法也会帮助我们快速准确地答题。

四、课堂小结

师：这节课我们通过这篇文章感受了霍金生动幽默的语言、缜密深邃的思维，更感受到了宇宙的魅力、科学的魅力。希望这节课只是大家走进科学的开端。

五、课后延伸

师：课后阅读霍金的《时间简史》《果壳中的宇宙》，相信大家会越来越多地了解宇宙的。

（杨虹　吉林毓文中学）

诊断意见

《宇宙的未来》是必修五第四单元中的略读课文，单元的学习重点是自然科学小论文。在非文学类文本教学几乎没有生存空间的当下，作为送课下乡、随进度上课，执教者肯于"献丑"，敢于挑战自我，上自己不熟悉、别人也不愿意上的课，体现出了语文教育情怀。这表明她想让自己的语文教学更完整甚至完美，与目前流行甚至盛行的那种在课堂上极力渲染自己的才华，将学生视若随自己任意挪动的"棋子"，以学生的完美"配合"获得成就感的教师相比，教学境界有霄壤之别。

从这个课堂实录中可以看到，杨虹已经从独立教学阶段开始走向独创教学阶段，具体说来有如下几点例证：

1.激发学生学习科普文章的兴趣，着眼于语文教学长期效益。限于篇幅，删掉的"教学理念"部分赫然标明本课教学要在课前激发兴趣，让学生自发地认真阅读全文，以保障课上教学效率得以提高。略读课文应以学生自读为主，本课篇幅长，教师事先就已布置自读课文，课前又用关于宇宙及霍金的图片、视频等激发学生的阅读兴趣。她认识到优秀的科普文章对学生有吸引力，教学应注意充分调动学生对这类文章的阅读兴趣，引起学生对未知领域知识的探索欲望。就阅读而言，此类文本较文学类文本若"坚硬的稀粥"，难以下咽，加之是翻译作品，更增加了阅读的难度，从激发兴趣入手恰是正确的路径。

2.把握科学小论文的文体特点，探索有效教学之路。从某种意义上来说，说明、论述类文本在日常生活中比文学类文本的应用空间更为广阔。学习化社会时代，面对新问题的解决，不能不搜集、整合相关信息，这类文本恰好提供这样的空间。学习这类文本不仅可以增长知识，开阔视野，还可以提高学生的逻辑推理能力和思辨能力。她抓住霍金在论述过程中使用比喻论证的方式，剖析"趣味"性；抓住本课在论述语言上的特点，比如用生活事理解说陌生领域内容这个说理特点，使得"枯燥"的观点尽可能被理解。

3.教学方法立足理清思路、概括归纳要点、突破重点与难点。教学首先引导学生从整体把握文章观点，理清文章思路，再探讨关键语句，使讨论避免脱离中心、离题万里。在基本理解文章后让学生回顾研讨过程，整理出这类文章的阅读方法以使学生印象深刻，举一反三，触类旁通。从教学来看，把握观点、理清思路后，难点的解决成为可能。非文学类单一文本的教学也许不难，难的是如何通过本单元几篇文章的教学使学生真正掌握这类文章的阅读方法，所以方法的总结是必要的。小结时明确：一是抓关键句，把握观点；二是结合观点，理清思路；三是关注语境，理解难句。这就抓住了特点。当然，如果时间允许能再趁热打铁，辅以相应练习当堂训练检验就更好。

这节课不足之处有如下几点：

1.三维目标的设置表明教学意识上的从众心理。新课程改革把三维目标深深嵌入很多老师的头脑中，每一节课都要按照三维目标去设计。被这种

"宏大"理念"绑架"的不只杨老师。本课"知识与能力"维度的目标是"理清思路，把握文章主要观点；掌握阅读科学论文的基本方法"，分号隔开的可是两个目标；"过程与方法"维度的目标是"学生自主合作探究提出问题并解决问题"，且不论"过程与方法"是否可以成为教学目标，单从效果看这节课是有办法落实的；"情感态度与价值观"维度的目标是"学习霍金不畏困难、乐观自强的精神和严谨审慎的科学态度"，也是流于形式，难以实现。要学会独立思考，不要从众跟风，不被时髦观点左右。除了这些目标是否可行外，教学目标的表述技术也存在问题，这里不展开分析。

2.自主、合作、探究教学方式的设置表面化，难以落实。尽管意识到在教学中应抓住学生的疑问，从疑问出发引导学生通过自主、合作、探究的方式解决问题，还止于表面，未根植于学习行为中，学习行为并没有因为主观的意愿而产生客观效果。当然不能全怪执教者，学生非"自己的队伍"，未必养成了这样的习惯，而且这样的学习方式转变在新课程实施过程中的落实，仍然是个问题；但由此反思新课程的诸多问题，有教师的无奈与被迫"积极配合"上级号召，也有上级行政部门的自上而下的要求与强制。

3.对文本逻辑推理方式的分析过于粗浅，暴露出执教者逻辑思维的短板。本篇略读课文涉及的科学知识有一定难度，要注意引导学生理清文章思路，把握作者观点，掌握科学论文的阅读方法，从而使学生能举一反三，快速读懂涉及专业知识、未知问题的科学论文。杨老师对课文的语言幽默方面有所涉及，教学过程也关注了逻辑结构，比如随机形成的板书能看出把握住了逻辑框架。但是线条粗放，对局部论证的逻辑结构没有关注，毕竟只一课时，实在难以对本课的逻辑推理进行较细致的分析，"举一反三"的目标不易实现。比如，本课是如何用语言信息阐释逻辑推理的，有哪些关键的概念，使用了怎样的推理，为什么有那么多假设，结论的得出遵循了怎样的逻辑思路等，似应有所涉及。

处方建议

人教版高中语文教材中仅必修五有一个单元是科学小论文，选修教材中没有针对非文学类文本尤其是科学论文的内容。本单元是现行教材体系非文学类文本的孤例，以下建议既针对这节课，也针对忽视非文学类文本教学的现状。

第一，形式即内容，这是非文学类文本教学总的特点。此类文本的教学更能凸显出形式最为重要的道理。将问题放大看，第四单元共三篇课文，另外两篇分别是梁思成的《中国建筑的特征》、刘易斯·托马斯的《作为生物的社会》，教学目标如果确定为"弄懂中国建筑的特征""弄懂作为生物的社会的内容"，则课程的性质就异化为建筑学与生物学，本课则异化为物理学或天文学。探讨作者如何阐述宇宙的未来才是教学目标，这是"形式即内容"的最好说明。

文类文体既定，则教有定法。科学论文的内容是科学的，其形式是议论；语文课自然要弄懂内容，但不是教学目标，如何论述内容才是教学目标。通过阅读，弄清楚内容是第一层次，是手段；在此基础上弄清楚作者用什么手段表达内容是第二层次；进而弄清楚全文的逻辑结构及框架是第三层次。（文学类文本又何尝不是如此，但此处仅就非文学类文本立论而已，不能铺张笔墨。）

第二，形式即内容，是本课教学关注的本质特点之一。本课逻辑性与思辨性是要突破的难点。《普通高中语文课程标准》（2017年版）也把"思维发展与提升"作为语文学科四个核心素养之一。如何在教学中培育它，有待于探讨，但无疑如本课这样的文本有其独特的优势。抽象的逻辑思维是人类思维的高级形式，自然科学学科如数学、物理，其内在的因果关系具有线性与对称性的特点，系统性强；语文学科的自身逻辑则规律性不强，非线性与非对称性明显。科学论著的内在逻辑恰是语文教学可以凭借的思维培育手段。如何把某些语言文字材料作为一个意义单位用来进行逻辑训练，是学好这一课的重要抓手。只有真正把教师自身逻辑思维的培育与提升放到突出位置，才可能转化为教学中的具体行动。

《宇宙的未来》一文虽是节选，但逻辑结构还是清晰的，抓住文中的一系列关键词——混沌、膨胀、坍缩、暗物质、黑洞，具体分析每一个关键词所在文段的论述过程，便可以弄清楚霍金的思维特点。在整体上把握逻辑结构，做一次归纳的逻辑运算，可将其结构简要概括为：

第一部分（第1段），科学家认为可预言未来。第二部分（第2—5段），举例论证巫师预言的历史，关键在于"两头堵"的解释。第三部分（第6—25段），具体阐释科学家对宇宙未来的预言。这部分是行文的主体，作者采用分类讨论的思路不断排除不可预测未来的种种因素，逐步强调在可观测的前提下，何种情况是正常情形，何种情况是非正常情况，在不稳定或混沌的系统中，存在一个时间尺度；我们周围的宇宙正在膨胀，即便宇宙要坍缩，也可以预言至少在一百亿年内不会停止膨胀；暗物质是存在的，不管星系或星系团中的暗物质是什么，可以预料它们也会落进这些非常巨大的黑洞中去；如果宇宙要永远膨胀下去的话，仍然有大量的时间可供黑洞蒸发；如果膨胀理论正确，宇宙最终可能会坍缩。

若截取第11段来分析其逻辑结构，则可看出其思维的缜密：

推测：绕日公转行星（包括地球）的运动似乎最终会变成混沌（"似乎"说明是推测）。

已知1：地球（绕日公转行星之一）长时间内不会和金星相撞。

未知：十几亿年后发生相撞（将已知与未知分类讨论，确定前者，排除后者）。

已知2：银河系绕着其局部星系团的运动也是混沌的（间接呼应前面的推测）。

已知3：其他星系正离我们而去，而且离我们越远就离开得越快（这就是膨胀）。

结论：宇宙正在膨胀，不同星系间的距离随时间而增加。

作者分类讨论不同情况，层层排除，罗列具体的证据，有观测到的，有根据观测推测的，使用关联词语突出逻辑的严密性。

第三，形式即内容，也是强调教师要"啃"科学论著类的文本"滋补元气"。语文教师的阅读状况问题不小，非文学类文本阅读的状况更惨。在某种意义上说，有一些优秀语文教师十分关注自身的阅读面，但相当数量的语文教师阅读的只是教材中的课文，充其量也就一百多篇，烂熟于心的也就十几篇经典文本。科学论著不太可能成为当下语文教师喜读、乐读的对象。因此，包括敢于挑战执教科学小论文的杨虹老师，这类文本的占有量也不足。此问题若放大了看，即语文教师在读书上"偏食"的问题可能最大，大家更愿意读文学作品（这里没有轻视阅读文学作品的意思），愿意读对自己的理解没有挑战的文本，读轻易就能读懂的文本，这类"长肥膘"的阅读，主要增加的是"知识的脂肪"；需要"啃"的、一遍读不懂的书，包括科学论著之类的"长筋骨"的文本，则缺失严重。因此，从自身知识结构着眼，语文教师读书的面儿就成了问题，尤其"啃"读、"长筋骨"的阅读，要与"长肥膘"的阅读保持相应的平衡，改变读书中偏食，偏好无营养、低营养阅读的问题。

新课标中，专门设有阅读科学论著的任务群，这或许是对语文教学现状中非文学类文本缺失的一种矫正。

总之，非文学类文本的教学，切莫把内容当作重点，怎样阐述与论证内容才是重点，"形式即内容"是我们要留意的关键点。

小说教学：确定文本内容与教学内容的关系
——《植树的牧羊人》教学诊断

广义的"文本"一词源于拉丁文的texere，本义是波动、联结、交织、编织，并因此衍生了构建、构成、建造或制造等意义。文本的定义颇多，一句话、一件事、一个人等被用话语记录下来，都可被视为文本。但是教学文本有其特定性，要比广义的文本严格得多，"专业"得多，最关键的是包含编者赋予的"教学价值"以及教者对"教学价值"的落实或超越。与数学、物理等科学学科的教学文本不同，语文学科的教学文本是其教学的重要依据，但文本的内容并不完全是其教学内容本身。教者不仅要关注编者赋予的"教学价值"，这是共性的教学内容；还要根据文本特质、个人学养、学情等确立"唯一"的教学内容，这是个性化的教学内容。只有把共性与个性的教学内容有机融合，才能恰当地确定具体教学文本的教学内容。

教学文本的种类繁多，粗略地说有文学类文本与非文学类文本之分。文学类文本中，小说是重要体裁之一。按照不同标准小说的分类不同，比如古今中外、不同流派等，其文体特质是教学中应该关注的内容。小说教学的内容，也不仅限于小说的内容。传统的小说教学中关注的三要素，仍有价值，因为中学教学并不是最前沿的小说研究成果的传递，而是以比较稳定的、相对的"定论"为教学内容。但理论研究的发展必然对"定论"有所突破，逐渐形成新的"定论"，对中学语文教学具有指导价值和借鉴作用，在一定意义上对教学有推动作用，所以教学内容需要适度更新。

当前小说教学比较套路化，教师多囿于既定的做法，对教科书编者的意图理解存在偏差，对特定教学文本的价值剖析不透彻，教学内容僵化，教学目标定位失准，也就是没能恰当地处理好教学文本的共性与个性的融合。

案例呈现

《植树的牧羊人》教学实录（节选）

（课前预习检查，教师听写生字词。两名同学到黑板上听写，其他同学在练习本上完成课堂听写。）

师：慷慨无私、废墟、干涸、坍塌、裂缝、戳、刨根问底、琢磨、扰乱、转悠、浇灌。

（生完成听写，请两名同学上黑板批改听写错误。）

生：（评价一名同学的听写错误）慷慨的"慨"是竖心旁，不是"木"字旁。

师：同学们大部分都写对了，非常好。接下来，每位同学把生字读两遍，自由读。

（生自由读。）

师：好，开始上课。我们今天学习一篇外国小说《植树的牧羊人》。同学们，现在用你认为你能够做到的最简练的话，把故事情节给大家说说：这篇小说讲了一个什么故事？

生：讲了作者到阿尔卑斯山地旅行，遇到了一位牧羊人，他边放羊边种树，最后这个地方变成了一个绿林环绕、牛马成群的生命绿洲。

师：这位同学说"作者"到阿尔卑斯山地……合不合适？

生：不合适。这是一篇小说，是虚构的。应该说"我"到阿尔卑斯山地……

师：不错。小说是虚构的作品，我们应该用"我"这个称呼！还有没有更好的？

生："我"多次去阿尔卑斯山地旅行，见证了一位牧羊人把荒漠变成绿洲的故事。

师：语言够简洁。这位同学说"多次"，主要有几次？

生：三次。

师：老人用了多长时间把荒漠变成了绿洲？

生：32年。

师：是的。老人用漫长的32年把自己的居住地变成了沙漠中的一方天堂。那么在"我"初遇到老人的时候，老人所居住的这片沙漠具体是什么样子呢？哪位同学来读读课文中是怎样描写的？

（生读小说的第2段。）

师：如果用文中的一个词来称呼这个地方，哪个词合适一些？

生：废墟。

师：废墟和荒漠不一样。废墟是指城市或村庄遭受破坏或灾害后变成的荒凉地方。说明这儿以前是——

生：有人居住的地方。

师：是的。那大家可以猜测一下：人们为什么搬走了呢？

生：气候太恶劣了。

生：居住环境太差了。

生：缺食少水，日晒风吹，不得已搬走了。

师：嗯！人们在这种条件下实在太难生存下去了，他们选择了逃离。可是谁留下来了？

生：牧羊人。

师：牧羊人不但留下来了，还选择了一边放羊一边种树！当战争结束"我"再次遇到牧羊人，这儿有了什么样的变化呢？

（生读小说的第15、16、17段。）

师：我们用几个词来形容一下这里。

生：树林、茂盛、湿润、鲜嫩、挺拔、溪水。

师：这里有了茂盛的树林，有了鲜嫩、挺拔的白桦树，有了潺潺的溪水。"我"最后一次见到老人，这里又有了什么变化呢？请大家一起来读。

（生齐读第20、21段。）

师：挑一个词来形容这里！

生：沃土。

师：是的，往日的废墟变成了沃土。我们能够想象到，当"我"口渴难耐的时候，"我"面对的是破破烂烂的废墟，"我"的心情是_____。

生：绝望。

师：当"我"32年后再次来到这片废墟，面对着眼前的沃土，"我"的心情是_____。

生：惊讶、惊奇、震惊。

师：那我们在读的时候，就要把这种惊讶、惊奇、震惊读出来。同学们先自由朗读试试。

（生读第20、21段，力求读出震惊的语气。找两位同学读，大家围绕是否读出震惊的语气点评。最后大家再次齐读，读出震惊的语气来。）

师：32年前的废墟现在变成了沃土。是谁一手创造的这一切？

生：牧羊人，艾力泽·布菲。

师：是的，就是这样一个普通人创造了奇迹。下面请同学们结合课文中描写牧羊人的相关语句，以"他是一个_____的人"的形式说说你对牧羊人的认识。

（生默读课文寻找答案。）

生：他是一个不太爱说话、自信、平和的人。因为课文中说"这个男人不太爱说话，独自生活的人往往这样。不过，他显得自信、平和"。

生：他是一个安静、忠厚、不张扬的人。课文中说"他的那条大狗也像主人一样，安静，忠厚，不张扬"。

生：他是一个沉默寡言的人。从课文中"他还是那么沉默寡言"可以看出。

生：他是一个有毅力、无私的人。因为课文中说"想到要做成这样一件事，需要怎样的毅力，怎样的无私"。

师：同学们发现没有，这几位同学从课文中找到的句子都是直接描写牧羊人的，这叫_____描写？

生：正面描写。

师：那么有没有侧面描写牧羊人的地方呢？

（生相继举手。）

生："他轻轻地往坑里放一颗橡子，再仔细盖上泥土。"说明他是一个爱护橡子、认真仔细的人。

生：他把"房间里收拾得很整齐，餐具洗得干干净净，地板上没有一点儿灰尘，猎枪上上过了油。……他刚刚刮过胡子。他的衣服扣子缝得结结实实，补丁的针脚也很细，几乎看不出来"，这可以看出他不是一个马马虎虎过日子的人。

生：小说第2段写环境的恶劣，可是牧羊人在这种恶劣的条件下坚持种树，从侧面写出了他的坚韧。他是一个坚持不懈的人。

师：小说写我初遇牧羊人时，牧羊人种下十万颗橡子，两万颗发芽，一万颗扎根长成大树……最后绿树成荫，废墟变沃土，也从侧面描写了牧羊人是一位坚韧、坚持不懈的人。

师：同学们说得非常好。这里老师再给大家看一段文字（课件显示）：

可是，他先是失去了独子，接着，妻子也去世了。他选择了一个人生活，与羊群和狗做伴……

好，同学们静静地看这段文字。从这段文字中，你可以看出牧羊人是怎样的一个人？

生：一个可怜的人。

生：一个孤独的人。

师：一个可怜孤独的人，却做到了只有上天才能做到的事，受到了我乃至世界上千千万万人的敬仰。这背后的原因是什么？

（生沉默。）

师：同学们有过孤独的时候吗？

生：（齐）有。

师：你们孤独的时候都干什么呢？

生：聊天。

生：睡觉。

生：瞪着眼看天花板。

师：牧羊人在孤独的时候选择做什么？

生：边放羊边种树。

师：甚至在羊损害树苗时，牧羊人放弃牧羊选择种树！放羊是在短期内就可以看到经济效益的事情，而种树就不同了。牧羊人种树不能为自己赚钱，但他依然选择种树。心中怀有什么情愫的人才能做到这些？

生：大爱。

师：是的。在现在这个越来越崇拜物质的年代，一些人变得急功近利和急于求成，物质左右着他们的心灵，其心灵世界犹如干涸的沙漠，心乏身累。而牧羊人则不同，他像蚂蚁一样工作，像蝴蝶一样生活，他的生命如阳光般灿烂炫美，他平凡的生活充满情趣与意义，他找到了由孤独通往幸福的路，那就是——心怀大爱，做造福他人有价值的事情。

师：同学们，当你们再次陷入孤独的时候，你们还会选择聊天、睡觉、瞪着眼看天花板吗？（生大笑）像牧羊人一样去创造吧！

好，下面，请同学们拿起笔来：假如你现在遇到了牧羊人，你会对他说什么呢？请写下来，让我们一起来交流。

（生写完后四人小组交流，每组推荐一名同学全班交流。）

生：艾力泽·布菲爷爷，您太了不起了，您用有限的生命创造了奇迹，不求回报，我要向您学习！

生：牧羊人爷爷，我太崇拜您了。作为沙漠的守护人，您做到了只有上天才能做到的事，找到了通往幸福快乐的人生之路。我想向您致敬！

生：32年的守护，将废墟变成沃土，将沙漠变成绿洲。心怀大爱，坚毅无私。沉默寡言的牧羊人啊，您就是我心灵的导师！

…………

师：牧羊人通达从容、积极乐观的人生态度和宁静淡泊、铅华洗尽的人生境界，引起了我们对人生的重新思考。最后，让我们一起来读一读英国著名诗人兰德暮年时写的一首小诗（课件显示）：

我不和谁争，

和谁争我都不屑。

我热爱大自然，

其次就是艺术。

我双手烤着生命之火取暖，

火萎了，

我也准备走了……

（王彩霞　山东省青岛市37中学）

诊断意见

在当下比较常规的小说教学中，这个课例无疑是比较成功的，具体说来有以下几个亮点：

一是能够从学情出发，从故事入手去分析人物的性格特点，引导学生体悟主人公的"大爱"。小学阶段没有学习过小说，但是学习了许多神话、童话、故事，学生对故事情节有直观感受，有一定的阅读经验，这是学习本课的"先拥知识"，通过温故来知新，使得故事与小说的衔接比较顺畅、自然，没有接受上的障碍。关注学情，就比较好地确定了课堂教学内容的起点，可见王彩霞老师有很好的语文教学素养。

二是能够关注小说的基本特点。比如通过分析正面描写与侧面描写来分析人物性格，进而归纳小说的主题；也点出了小说的虚构特点，强调了叙述人"我"与作者的区别；分析人物时，引导学生关注关键的语句，从鉴赏语言走近人物。从这些常规的做法中可以知道王老师已经形成了比较稳定的小说教学模式，其操作范式关注到了文体的特征，这也是教学比较成熟、初步形成比较稳定的教学风格的标志。

三是课堂节奏顺畅，一气呵成，表现出教师较圆熟的课堂驾驭力，体现了较高的课堂教学机智。从教学流程上看，这节课有预习，落实字词，着意培养语文学习习惯，这是初中起始年级很重要的教学内容。从故事情节入手，合乎学生的认知特点。引导学生找关键语句，分析正面、侧面环境描写的作用，进而归纳主人公的性格，使学生在情感上产生敬佩感，激发学习的欲望。

但整体上看，还是很"常规"，缺少突破。在某种程度上还是把文本的内容当成了教学内容，教学内容被窄化。相应地，也有几点值得探讨。

一是对教材编者意图的认知还应该提高。统编教材对每一单元的教学重点都有明确要求，比如本单元的要求是"继续学习默读。在课本上勾画出关键语句，并在你喜欢的或有疑惑的地方做标注。在整体把握文意的基础上，学会通过划分段落层次、抓住关键语句等方法，理清作者思路"。本课的"预习"又强调了单元要求。

本课在"默读"的落实上不够份儿，从课堂实录看只有一处（由于这里呈现的仅是节选，因此这个判断可能有失准确。但是，即便是在课堂上，默读与勾画关键句仍然是必要的）。其实默读与勾画关键句是相辅而行的，勾画的地方是通过默读来确定的。最应该通过默读、勾画的一个句子，教师却是用投影的方式呈现的。这样呈现虽然突出重点，但潜意识里还是教师为学生做主，以自己的阅读体验代替学生的体验。试想，若是让学生在充分默读的基础上勾画出这个关键句子，然后再分析，既体现了教材编者的意图，也体现了对学生的尊重。学生主动发现与教师直接告知结果，教学效果上有很大差异。这也从一个侧面反映出教师在教学中比较强势的状态，习惯"掌控"课堂。

二是对文体知识的交代没有适当的体现。这关乎到本课作为小说体裁的起始性，本课是学生升入中学要学习的第一篇小说。例如，关于小说文体的"虚构"，学生顺嘴说出来了，可见学生都知道小说的虚构性特点；课堂上教师也区分了"作者"与"我"的区别。但是这两点剖析得不够劲儿。既然是虚构的，从叙事的角度看，"我"好还是"他"好？"我"作为参与型的人物，对小说的"虚构"有什么好处？尤其是把主人公"虚构"得家破人亡，在家破人亡之后他选择与贫瘠的环境共处，以一己之力改变现状，"虚构"的"深处"是什么？所以，对小说的"虚构"做必要的交代，将更有助于对作品的剖析。

与此相关的是对关键细节的分析未能进一步深化，使得主旨的探究有生硬之嫌。主人公为什么在妻儿都去世了之后才选择边牧羊边种树？当他的妻儿还活着的时候，他在做什么？这仅仅是"大爱"吗？可否从这个地方入手分析他的性格？虽然作者说他沉默寡言，也没有什么心理活动，但是能不能从他选择边牧羊边种树中看出他的性格特质？他的选择还能说明什么？这个地方仅仅简单地联系生活就得出"大爱"的结论，就显得生硬。

另外，对学生复述小说情节的评价应该更具针对性。例如，学生说"讲了作者到阿尔卑斯山地旅行，遇到了一位牧羊人，他边放羊边种树，最后这个地方变成了一个绿林环绕、牛马成群的生命绿洲"，这个复述没有突出起初的环境特点，教师仅辨析了"作者"与"我"，没有指出复述中忽略了当初环境的荒凉。还有，"那大家可以猜测一下：人们为什么搬走了呢？"小说中已经说了，不用"猜测"，应该请学生用勾画的方式找出关键句。

三是没有突破现有的知识结构，凭以往的老经验教新课文。不是说老经验不能用了，而是说老经验要有突破。比如小说研究的新成果、叙事学研究的新成果等要适当使用。这个人物是"圆形人物"还是"扁平化人物"？主要冲突是什么？仅仅是他与残酷的自然环境的冲突吗？仅仅是他战胜了自然、改变了自然，获得了好的晚年吗？他更是战胜了自己的孤独与绝望，在某种意义上说，他是在绝望中播种希望。

王老师最后引用小诗的做法，也是当前比较流行的。可是仔细分析会发现，这个引用不是很恰当。这首小诗与本课没有必然的联系，体现的是某种"表演性"，值得商榷。诗中说"和谁都不争"，而小说中的主人公不仅与恶劣的环境抗争，更是在与自己的命运抗争；诗中说"和谁争我都不屑"，与小说的内容也是相悖的。

再一次申明，因为看到的只是课堂实录的片段，上述意见未必符合王老师课堂上的真实情况，不当之处还请王老师批评、探讨。

处方建议

下面提出的建议也仅是一孔之见。

第一，关注编者意图，获得有效的教学内容提示。

编者意图主要通过单元提示、本课预习提示、课后练习（思考探究、积累拓展、读读写写）三个部分来展示。这是确定教学文本的教学内容的重要依据，这个依据是"外部"的规定，大体属于"共性"的要求。

1.单元提示就整个单元来设计，是"共性"的，单元中不同文体的教学文本都要遵循。这是整套教材编者意图"网络"中的一个"节点"，"节点"的分布各有侧重，正是教者应该通盘考虑、具体落实的。同一单元不同文体的教学文本都要将其作为教学内容。

2.预习提示就这篇小说来设计，是对单元提示的具体落实，针对特定文体的教学文本，是"个性"的。一是要求学生在预习时思考"是什么精神力量支撑他"去种树；二是要求学生在预习时默读课文，做些圈点、勾画，包括关键词语、重点语句、段落层次。前者指向文本内容、主旨，后者指向具体的预习方法。

3.课后练习部分，思考探究既是呼应预习的纲要，也是教学中需遵循的路径。例如第一题填写表格，是对小说情节的概括；默读课文、勾画关键语句则是对单元要求的具体落实。第二题读写结合，是对主人公性格的概括；对牧羊人的评价要从小说中去寻找，勾画关键语句，并分析、归纳"他是一个怎样的人"。第三题通过对首尾两段评价性文字的理解，结合绘本作者给中国读者的寄语，概括小说的主题。这是对小说情节、人物、主题三个要素的厘定。积累拓展、读读写写则形成训练系统，培养语文能力。新教材的编辑意图要尊重，关注循序渐进为学生养成良好的学习习惯。

统编教材在单元要求、课前预习、课后练习等处做了整套教材的内容、目标布局，形成了初中语文课程教学的"网"，凝聚了编者的智慧与心血，整体上看超越教师个体的智慧，需要遵循并以之为教学内容确定的重要依据。当然，教师个体的水平高，有更高明的教学策略，可以超越。

第二，关注学情，确定教学内容的起点。

面对起始年级，本课可谓初中阶段小说的"奠基课"，对学生关于小说的"先拥知识"的调查十分必要。虽然小学教材中没有出现过小说文体，但神话、故事、寓言等文体都有接触，在传媒发达的时代，小学生课外阅读小说的可能性是存在的。具体地说，在教学前，关于小说学生已经知道了什么，形成了怎样的阅读习惯，在学习中希望知道什么，可以通过调查问卷来收集这些信息，作为确定教学内容起点的依据。

第三，关注文体特色，开掘教学内容的深度。

古今小说各有特色，中外小说亦然。本课属于外国小说，自然又不同于中国小说，教学中应该有属于自己的特质。它来自另一种语言与文化传统，这是其"外国性"；它又是汉语言的翻译作品，必然渗入了中国文化，也有"中国性"。前者要求教师要知晓西方文化尊重个人尊严与价值，倡导自由精神，崇尚个体的力量与智慧，这也是分析人物、归纳主体的文化基础；后者要求教师从汉语的呈现方面去鉴赏语言。

虚构是小说的重要特征之一，从虚构入手，体会作者创作的灵活度、自由度。小说阅读教学必须从虚构的角度入手，否则情节与人物性格的逻辑无从解释。同时让学生明白作为文学创作，小说讲的不是现实生活的真事，艺术真实与生活真实不同。在小说的艺术现实中，虚构了主人公妻儿相继死去，只剩下他孤独的一个人，这是非常残酷的。主人公将怎么办？作者让他活下去，跟严酷的生存环境抗争，经过30多年的不懈努力，改变了生存环境，让无法生存的废墟又变成美好的家园，主人公的"个人英雄主义"得以彰显，而他又毫不以英雄自居；在种树的时候，他甚至不知道这荒山与土地的主人是谁。若不明确虚构，学生可能认为生活中确有其人。

叙述也是小说的重要特征之一，选择不同的叙述者或叙述角度是作家的自由，也是教学中要关注的内容。从叙述者角度，可以尝试切换"我"与"他"的效果，看不同叙述角度有什么差异，体会作者用"我"的视角对人物塑造的作用。从叙述时间的角度入手，跨越第一次、第二次世界大战，以长达30多年的"纵向时间切片"来看一个人的作为，这一点与小说开头与结尾的评价恰好构成统一，也使得小说不枝不蔓、中心突出。

从细节分析入手体会人物性格，从矛盾冲突、悬念设置分析情节结构，从环境变化看主旨。本文核心细节是"可是，他先是失去了独子，接着，妻子也去世了。他选择了一个人生活，与羊群和狗做伴……"，其他几个细节分别是"我"初见、再见、三见的环境，其特点是由荒芜到有些小树再到有了树林、溪流、人家。要充分挖掘这个细节的深刻内涵，不能武断、简单地下结论。其实这是作者设定的悬念，试想，如果开头就介绍主人公的痛苦经历就不好，不仅与"我"的叙述视角有关，还容易把人物性格一次性先入为主地定位，人物性格的张力就大打折扣。为什么在这个部分才介绍？这与人的性格紧密相关，作者反复说他不喜欢交流，因此初次交流是不可能了解的，主人公的性格决定他不可能把自己最伤心的事情随便告诉陌生人。有了一定了解、交往，产生好感、信任感，才可能去诉说自己的不幸遭遇。这也是作者设定的悬念，从矛盾冲突看，本文的主要冲突分两个方面，一是主人公与自己人生遭遇的冲突，一是主人公与生存环境的冲突，前者与后者的因果逻辑耐人寻味。教学中容易只关注在牧羊人的努力下环境的变化，容易忽略对他的心境变化的剖析。

总之，这里呈现的课堂实录仅仅一课时，而且有删节，管中窥豹，不能看到课堂的全貌，有的评价很可能因此而不准确，甚至错误。仅仅凭借一个有删节的课堂实录不足以全面评价一节课。但是关注编者意图、关注学情、关注文体特征，这应该是小说文本教学内容的重要组成部分，教者若能在此基础上突破已有的知识结构，适当借鉴学术界的新成果，便可为教学注入新的活力。

戏剧教学要定位在剧本的文学性上

长期以来,语文课本中的戏剧文本成了鸡肋都不如的摆设,教材必选,教学未必教,考试绝不考。有较好的学生社团的学校肯于排演课本剧的不多,对戏剧有感觉的语文教师或许能在班级排演,更多的是出于对教学任务的考虑课堂上分角色朗读,弃之不讲的并非罕见。戏剧教学是否有规律可循?如何进行戏剧教学?"排演"是不是语文教学的选择?本文对此试作初步探讨。

"跨界"艺术非戏剧教学的选项

一般说来,文体知识虽然并不能直接转化为学生的语文能力,但它往往可以作为指引教学的基本路径;文体知识是对文体本质特点的抽象,是在文体的诸多个体中归纳概括出来的一般性知识,反过来对文体教学具有指导性。

从文体知识角度查找戏剧的词条,《辞海》的文学分册中找不到,要到艺术分册中找。这表明,戏剧是被当作综合艺术而划归艺术门类的,只有其剧本才算是文学四分法中的一类。语文教学就应该着眼于戏剧剧本的文学性来"搭台唱戏"。

作为表演艺术的戏剧,"跨界"是重要特征。戏剧作为一种综合艺术,融合了多种艺术的表现手段,其直接的、外在的表现,一是文学,主要指剧本;二是造型艺术,主要指布景、灯光、道具、服装、化妆;三是音乐,主要指戏剧演出中的音响、插曲、配乐等，在戏曲、歌剧中还包括曲调、演唱等；四是舞蹈，主要指舞剧、戏曲艺术中包含的舞蹈成分，在话剧中转化为演员的表演艺术——动作艺术。

戏剧有四个元素：演员、故事（情境）、舞台（表演场地）和观众。演员是最重要的元素，演员的表演是戏剧艺术的本体，作为角色的代言人，必须具备扮演的能力。透过演员的扮演，剧本中的角色才得以伸张；抛弃了演员的扮演，便不再是戏剧，这是戏剧与其他艺术最大的不同。现代的戏剧观念强调舞台上下所有演出元素统一表现以实现综合的艺术效果。西方现代戏剧理论逐渐从戏剧文本的讨论扩大到剧场整体，产生"场面调度"等新观念。20世纪70年代英国戏剧导演彼德·布鲁克在其专著《空的空间》中甚至提出"一个演员，走过一个空荡荡的舞台，这就是一出戏的全部"的观念。

文学上的戏剧概念是指为戏剧表演所创作的脚本，即剧本。剧本是一出戏剧的基本要素，是一台戏的先决条件。剧本不算是艺术的完成，直到舞台演出之后才是最终艺术的呈现。剧本是戏剧演出的基础，直接决定了戏剧的艺术性和思想性，它作为一种文学形式，在不演出的状态下，可以作为单独的文学样式来欣赏，可以像小说那样供人阅读，但它的基本价值在于可演性，不能演出的剧本，不是好的戏剧作品。也有人创作过不适合舞台演出，甚至根本不能演出的剧本，被称为案头戏（也叫书斋剧）。

戏剧教学要定位在剧本的文学性上

戏剧之于语文教学，我们认为不能将其定位在"跨界"艺术上，而是要定位在"案头"即剧本的文学性上。先来看一个例子：

1998年，某高中校内教研活动，一位古代文学功底不错的青年教师执教《窦娥冤》，给人留下深刻印象的就是由一位女生身披白布扮演窦娥，在讲台处声泪俱下地诵读"滚绣球"等唱词。

评课的时候我表达了对此种"表演"的不赞成意见，但没有得到执教者的认可。从课堂环节看，教师肯定布置此位"表演"的同学做了充分的

"预演",并对其进行了必要的指导,但是传统戏曲——元杂剧有其特质,对话的散文化与唱词的韵文化是十分独特的,非专业演员难以表演出其中的韵味。因此,若想在语文课堂中"唤醒"元杂剧是不可能的,即便有学生化妆、表演岂能奏效?此类课有一定的代表性,暴露的是教师对戏剧本质认知的欠缺、对语文教学本质认知的偏差,即试图把剧本当作排演的脚本,而不是把剧本当作"案头"文学去鉴赏。

以表演为这堂课的"亮点",却恰恰成为最大的败笔(不知从何时起,语文教学兴起了"表演"之风,连小说、有情节的文言文都"表演")。戏剧除了演员这个主要因素外(学生无论如何不是演员,教师也不是导演),还有演出中的音乐成分,无论是插曲、配乐还是音响,其价值主要在于对演员塑造舞台形象的协同作用;演出中的造型艺术成分,如布景、灯光、道具、服装、化妆,也是从不同的角度为演员塑造舞台形象起特定辅助作用的;以演员表演艺术为本体,对多种艺术成分进行吸收与融化,构成了戏剧艺术的外在形态。而这些,都是"跨界"的综合艺术,语文课堂既不是也不能充当戏剧表演的舞台。

至于有的学校排演话剧进入学校或课堂,与语文有联系却不是语文课,不是语文教学。

定位于案头文学的戏剧怎么教

戏剧的艺类定位在"跨界"的综合表演艺术上,文学性只是其中的一个属性;语文课堂教学没有办法满足综合表演艺术的条件,因为那根本就不是语文教学的任务与目标。语文课本中选入的戏剧都是上演过的优秀剧目,其演出价值自不待言;其剧本的文学价值也是可圈可点,其"案头"特点恰是语文教学的价值选择。也就是说选择剧本的案头性质,就是彰显语文教学的文学性。

从语文教学原则着眼,包括戏剧教学在内,有须共同遵循的原则。比如,确定教学设计的起点,立足基于学生学的教,而不是基于教师教的学;找到课堂教学的起点,良好的习惯养成必然带来课堂的效率;关注课堂教学的有效性，促成学习行为的转变；等等。

从语文教学的文学性定位着眼，语文教学虽然不只教授文学作品，但文学作品教学应该占有相当的地位。不仅文学作品与非文学作品的教学有差异，不同类型的文学作品的教学也有其内在的差异。当然，文学作品的教学也有其共同性。

我们再来看三个案例：

（1）2009年的全国语文教师基本功大赛中，一位教师执教《雷雨》。从选课上看，与抽到诗歌、散文、小说的教师相比这是很有难度的。学生没有预习，又是戏剧的节选，着实不好处理。

执教者表现出了较好的教学素质。第一，他自身有大学时代演话剧的底子，因此懂得从戏剧语言的品读入手进入文本，尤其和学生分角色品读关键对话，为课堂烘托了很好的氛围。第二，执教者提出一个假问题引导学生贴近文本分析人物性格，请学生根据课文分析周朴园和鲁侍萍到底有没有真正的爱情。学生自然十分热烈地讨论，也自然没有结果。但在这个过程中，学生深入文本，分析论证，各执一词，言之成理。这使得课堂流程顺畅，弥补了课文长、没有时间朗读全文的不足。其实，这个假问题隐含的逻辑是：你要有观点，就要读课文找证据，这恰好符合语文课堂教学的规律。这节课得到评点专家的肯定，关键一点是教师以自身的戏剧素养去感染学生，抓住戏剧中最有特点的对话去分析人物，既迁移了学生的语言分析能力，又彰显了剧本的"案头"性特色。

（2）2011年，一位教师执教《哈姆莱特》，属于自读课文。教师课前已经布置了预习题目，课堂上分四个小组围绕《哈姆莱特》的主要情节、比武时人物的心理、哈姆莱特和奥斯里克对话的语言特色以及哈姆莱特的形象等四个话题，结合查找的资料分享学习成果。学生事先阅读了一些资料，教师始终引导学生围绕课文展开陈述、讨论，分角色朗读关键的人物对话，结合课文阅读、分析完成四个问题。设置的思考题和列一些阅读书目都围绕着拓展阅读与深入挖掘课文文本，值得借鉴。

本课有两个亮点：

一是立足于新课程倡导学生学习行为的转变，特别强调自主、合作、探究的学习方式，这从课前按小组分配任务，课上分小组讨论、解决相应问题，课后作业拓展阅读等方面都能看出其清晰的逻辑线索。自主学习的核心因素是主体的自觉参与和主体性的发挥，以及教师的组织与指导，而非放任自流、散漫地让学生"自学"；合作学习不仅使学生获得认知水平方面的发展，而且使学生在学习过程中得到乐趣，满足学生的心理需求，突出了教学的情景功能；探究学习是指学生在教师的指导下，以主体的姿态带着探究的精神自主地参与学习过程，以尝试发现、实践体验、独立探究、合作讨论等形式探索知识、发展思维能力和学习能力的积极学习的过程。从课堂教学的过程可以看出执教者对学习方式的转变做出了很好的尝试。

二是把课文定位为剧本而非"综合艺术"展开教学，突出剧本的文学性特点。比如对哈姆莱特的性格特征的讨论，有人认为哈姆莱特是"思想的巨人，行动的矮子"，是一位忧郁王子、延宕王子；也有人认为哈姆莱特的忧郁与延宕正是哈姆莱特的伟大之处，正是由于他的深思熟虑，才使得真相大白于天下，才使得奸王的嘴脸昭然若揭；还有人认为哈姆莱特是一位睿智的王子、果断的王子，是人文主义思想家和先驱者。这些观点学生们都有涉及，虽然有的只是一句话，透露出来的是大量的文献阅读，因为仅从课本的节选部分不足以得出那样的结论，在充分阅读文本的基础上才能说出有分量的话。

这节课教师要彰显的是学习方式的转变，学生的分角色朗读、情节复述、人物分析等都是以学生活动为主，也是着眼在学习能力的迁移，而不是试图表演莎士比亚戏剧。

（3）1999年，东北三省四市的教学活动，一位高中教师异地执教《雷雨》一课。该校学生学习习惯好，语文基础好，其时正值研究性学习如火如荼开展，教师请结伴上课的学生利用多种资源搜集有关《雷雨》的课程资源，提前自读课文，就自己感兴趣的内容展开研究性学习，课堂分组展示学习成果。结果学生写出了30多篇有关《雷雨》的文章，课堂上展示学习成果的同学表现异常精彩，得到听课教师的好评。学生认为，这样的活动让他们放开了手脚，用自己的头脑发现问题并尝试解决问题，这是学习十多年以来最开心的一次语文学习，真正体会到做自己的学习主人的快乐。

与案例（1）相比，这是一节事先有充分准备的课，课堂上没有了戏剧常规教学的分角色朗读、人物性格分析，而是拓开一步，在假定学生可以自己读懂文章的前提下，请学生以主体的姿态策划一次主题性的学习活动。此种尝试是对常规戏剧教学的一次颠覆，这得益于学生学习方式的转变。案例（3）是在自己执教多年、已经把学生培养出了好习惯的基础上的学习方式的转变。案例（2）和案例（3）给我们的最大启示是语文学习活动的创新不只体现在教师如何教上，也体现在学生如何学上。

从以上三例，我们大概可以总结出戏剧教学的两个特点：

第一，文体既定，教有定法。

既然确定了教学内容是戏剧——剧本，教学方法就有异于诗歌、散文、小说等文学作品的教学，就要围绕着剧本的特点展开教学。小说教学不能回避人物、情节、环境，散文教学不能回避"形散神聚"，诗歌教学不能回避抒情、写景，戏剧教学自然也有其独特的追求。比如，剧本的语言包括人物语言和舞台说明，人物语言即台词包括对白、独白、旁白等，是人物心理、动作的外观；舞台说明是一种叙述性语言，用来直接说明人物的动作、心理和所处环境等等，直接展示人物的性格和戏剧的情节。再如，戏剧冲突是表现人与人之间矛盾关系和人的内心矛盾的特殊艺术形式，教学中必须得到重视，无论中国戏剧还是西方话剧，一般说来，没有冲突就没有戏剧。英国戏剧理论家威廉·阿契尔在其经典之作《剧作法》中说过："剧作家技巧的主要内容就是在于产生、维持、悬置、加剧和解除紧张。"鉴赏戏剧冲突的创设艺术，是戏剧文本学习的重要内容。再如，戏剧中悲剧性与喜剧性相融合的艺术特色。优秀的剧作家往往能够把悲剧性和喜剧性熔为一炉。悲剧因为带有喜剧性而更加丰满，喜剧因为带有悲剧性而更加深刻。《雷雨》中的鲁贵这个丑角式的喜剧人物，他的存在就增加了读者对鲁侍萍和四凤人生境遇的同情。剧本的文体知识大致决定了教学的重点与难点。

定位在"案头"即剧本的文学性上，正像剧本在不排演的情况下可以像小说那样欣赏一样，教学中也同样可以充分关联小说阅读的经验，在人物、语言、情节方面往剧本上迁移。文学作品尤其是叙事类作品教学的共同性，决定了教有定法。

第二，文本既定，教无定法。

一方面，相同文体文本的教学有其比较稳定的相似性，即所谓教有定法；另一方面，某文体的某一个具体文本的教学又有其特殊性，即所谓教无定法。比如《窦娥冤》是元杂剧，剧本中大量使用的元代方言俗语，教材中的注释挂一漏万，教学上存在大量的语言障碍，在教学时要花费很大的力气来疏通文义，毕竟读懂文本是赏析文本的重要前提。《雷雨》是现代话剧，在阅读上毫无障碍，可以直接围绕戏剧语言、人物个性、戏剧冲突展开研讨。在阅读上存在不同的难度，教学方法自然有差异。再如《雷雨》与《哈姆莱特》虽然同属话剧，但创作时代、文化背景、语言风格完全不同。《雷雨》的对话贴近我们的生活情境，符合我们的欣赏习惯。《哈姆莱特》中的对话，语言充满强烈的情绪性，其语言风格与我们的生活情境、欣赏习惯相去较远。从宏观因素看，这里有异域文化的时空因素的影响。从其剧本产生的特殊性来看，莎士比亚剧本语言风格也受当时剧场演出条件的影响。演员在演出过程中陆续有观众进出，剧场较为嘈杂，为了吸引观众，交代清楚情节，莎士比亚的戏剧在语言上往往繁复、幽默、五光十色，从典雅的书面语到鄙俗的市井语言，从民谣体到古诗体，无所不涉。一中一西，一古一今，其风格既然不同，其欣赏角度自然不同。再如，传统戏曲既有唱词又有宾白，话剧则主要是对话。所以元杂剧具体篇目的教学与莎士比亚戏剧具体篇目的教学在方法上也必然存在不同。也就是说，对具体文本的教学，由于教师对教学内容和语文学习活动理解的不同，存在"教无定法"的问题。

结合戏剧文本学习在语文学习活动中的特殊性，我们给出一些以提升学生语文核心素养为目的的戏剧文本学习方法。

第一，立足于写的方法。

一是立足于写的教学。可以就戏剧文本让学生在充分阅读原著和广泛搜集参考文献的基础上写戏剧评论，写读后感，使读写有效结合。

二是进行文体转换写作。或将剧本改编成小说，更好地体会剧本的元素如何转变成小说的元素，或将有情节的作品改变成剧本（独幕剧、小品），更好地玩味戏剧的元素，体会不同文体转换中二度创作的愉悦。

三是立足于续写的教学。为剧本安排不同寻常的结尾，使剧情产生新的、有创意的变化，使学生在参与中实现与作家、文本的深度对话。

第二，立足于读的方法。

一是开展名著配音活动。让学生用自己的声音展现自己对人物的理解和把握。

二是鉴赏人物语言，录制"百纳本"戏剧配音。可以通过不同的人读相同的人物语言，体会声音塑造人物性格的魅力，根据剧情、人物性格选择相匹配的声音韵味，也可以用相同音色表现不同人物，还可以根据不同音色表现相同人物（比如品鉴不同版本的话剧中不同的演员对同一个人物的处理），让学生通过选择提升审美能力。

三是对翻译作品配音演员的配音以及影视作品中的人物语言的表现（大多没有特点）进行评价，对此展开调查、评价，以提升评价能力。

总之，应该把戏剧教学定位在剧本的文学性上，而不是当作表演艺术；剧本的文体确定性在整体上决定了教有定法，剧本的文本特殊性决定了教无定法。戏剧教学作为语文学习活动，在凸显学生的主体性的同时，要充分重视戏剧文本的静态研究与学习活动的动态生成。在把握好戏剧教学的根本特点和能力导向的前提下，采用的语文学习活动方式才可能是恰切的，否则，事倍功半。

诗歌教学同课异构：立足学情，展示根底
——《雨巷》教学诊断

所谓"同课异构"不过是一种着眼于课堂教学比较研究、便于取长补短的交流形式。比如，不同的教师在相同年级的不同班级进行同样教材、同等进度的"同名课"，以比较他们在教材分析、教学设计和教学风格等方面的异同，谋求改善课堂学习、促使教师专业发展。"同课"为同一课程（或教学）内容，而"异构"则是从不同的课程目标入手构建起来的课程实施体系。"异构"之"异"，首先是学情的独特性，其次是教师专业功底、素养、教学风格的独特性，以及与此相关的教学设计与实施的独特性；"构"是组织形式，若不在比较的情景中，"构"不必作为研究的重要内容，但一经存在两人及以上的教学活动，"构"就将成为关注点。

课堂教学依据教学设计实施，教学设计的"同课异构"虽属静态，却可从中窥知将要实施的课堂教学信息，便于在比较中调整，使一些不良教学行为"禁于未发"。

根据近年来听评课过程中了解到的情况，许多老师对教学设计的认识存在较大的误区，拿着自己的教学设计却不能上课，行文规范情况也不容乐观。我在"张玉新导师工作室"学员中展开调查、培训，选取三位十年以上教龄的学员编制《雨巷》教学设计，梳理诗歌教学中最典型的教学行为，判定哪些是要发扬的，哪些是要矫正的，并将自己在诗歌教学中最稳定的、最有效的教学品质归纳出来，作为教学设计的借鉴。

在创编过程中，集中研读以《雨巷》为核心的诗歌文本以及研究戴望

舒的专著，又充分分析所在学校的生源情况，据此确定教学目标；对学生进行调查，搜集问题以确定重点难点；又根据自身学养独立研读《雨巷》，形成个性化解读，确定教学步骤；最后每篇都在6000多字中截取2000字，几经易稿形成设计方案。

以下呈现的三篇教学设计就是这一活动的阶段性成果。有趣的是虽未刻意求异，但因学情不同、教学风格不同，对文本的理解的角度各异，自然呈现出所谓"同课异构"的设计。其中案例一针对《雨巷》本身设计，关注读写结合；案例二定位在比较阅读；案例三则注重群文阅读。

案例呈现

案例一　诵诗作·品诗味·植诗心

【教学目标】

1.感知诗歌意象及象征意义，重点理解"雨巷""丁香""姑娘"的含义。

2.感知诗歌的音乐美，掌握作者为体现旋律所采用的各种艺术手法，如押韵、复沓等。

3.以写作实践进一步提高诗歌鉴赏能力和语言表达能力。

【教学说明】

我校学生大多来自农村，阅读视野相对狭窄，作为高一新生的他们对现当代诗歌的鉴赏方法知之甚少。为了更好地培养学生鉴赏诗歌的能力，以单篇教学为例，形成了这种过于"面面俱到"的教学设计。

【教学环节】

一、以诗引诗，导入新课

借助学生初中学过的现代诗——艾青《我爱这土地》导入新课，并结合此诗向学生简介法国象征诗派，引出深受此种创作手法影响的中国现代诗派的代表诗人戴望舒及其成名作《雨巷》。

二、诵读文本，整体感知

1.学生诵读。流程：全班自由朗读——一男生朗读——一女生点评——该女生再读——教师在朗读技巧上给予充分的指导。

2.教师诵读。请同学们思考：诗中的哪个词可以概括抒情主人公的情绪或情感？

明确：惆怅或愁怨。

3.学生再读。全班再次自由诵读，体会诗歌的音韵美。

4.请结合文中诗句，举例说说这首诗的音乐美具体表现在哪里。

提示：《雨巷》的音乐美主要表现为韵律美、节奏美和结构上的回环美，韵脚、节奏的舒缓悠扬，词语的反复……

明确：

（1）诗歌的韵律美：整首诗的韵脚都落在韵母"ang"上，如"巷、娘、芳、徨"等。这让诗歌读起来朗朗上口，形成一种回荡的旋律。

（2）诗歌的节奏美：整首诗每节有六行，自然形成一种节奏。同时诗歌中一句三顿的节奏让诗歌充满律动感，而且文中"行断意不断"的断句方式，也营造了一种言有尽而意无穷的艺术境界。

（3）诗歌的回环美：诗中段与句的重复，就像乐曲中高潮部分的反复，能引起读者强烈的情感共鸣。比如本诗首尾两节几乎是相同的。这种上下句或上下段用相同的结构形式反复咏唱的手法叫重章叠句或复沓。复沓手法的运用，使诗歌具有一唱三叹的音乐美。

5.请同学们齐读第一节和第七节，再次感受重章叠句这种艺术手法的独特魅力。

三、品味诗歌，缘景明情

1.如何来理解诗歌的标题——雨巷？细雨朦胧中，独自行走在这样一条悠长而又寂寥的雨巷中，会是怎样的心情？

明确："雨巷"这个意象给人一种阴沉忧郁、潮湿狭长的感觉，为人物活动营造了朦胧、阴沉、忧郁的大环境。

2.诗中哪些意象共同组成了这一凄清、哀婉的情境？

明确："雨巷""油纸伞""雨""我""篱墙""丁香""姑娘"等意象。

3."雨巷""丁香"和"姑娘"这三个意象最能体现诗歌的象征意义及

作者的感情，请从中选出你最喜欢的意象谈谈其象征意义。

要求：有感情地朗读意象所在的诗句，把握意象的特点，展开合理的想象和联想，谈谈自己对意象的理解和感悟。

明确：

（1）"雨巷"：诗歌描绘了一幅梅雨时节悠长狭窄而寂寥的江南"雨巷"的阴沉图景，这正是当时黑暗阴沉的社会现实的写照（此处可追加社会背景的介绍）；同时，"雨巷"还可以象征着一条没有尽头、无休无止的追求之路。

（2）"丁香"：在中国古典诗词中，"丁香"象征着美丽、高洁、哀婉、愁怨。雨中的"丁香"更是增添了许多的愁怨和凄美。

（3）"姑娘"：象征着诗人心中的恋人或美好的理想，而这种美好的追寻又是渺茫的、难以实现的。

小结：课后同学们可以总结一下其他意象的含义，我们会发现诗人用几个典型意象，准确地传达出"寂寞忧伤"的典型情绪。这些意象烘托出一种朦胧缥缈的氛围，同时又共同构成了一种凄清哀婉的意境；并借助象征手法，暗示出作者既迷惘感伤又有所期待的复杂情怀，也给人一种朦胧而又幽深的美感。

4.探究诗歌主旨。

（1）有人说这是一首爱情诗，有人说这是一首政治抒情诗，你持什么观点？

认同爱情诗的同学为正方，认同政治抒情诗的同学为反方，语文科代表为主席，展开一场自由辩论赛。

（2）引申小结：我们分析诗歌主旨的时候往往要知人论世。因为作者情感经历的复杂性，所以我们对诗人情感的解读应更加多元化。只要我们掌握了探究作者思想情感的基本方法，我们的解读就会更加精准而深透。

四、写诗歌，植诗心

《雨巷》是戴望舒的成名作，其意境的朦胧美、诗行的韵律美、意象的象征美以及修辞的艺术美，给我们带来了许多美的享受和启迪。

请同学们仿照《雨巷》的写作手法，选取生活中的典型意象，创作二三节小诗，来抒发自己的情感。

1.学生习作展评：生自评—其他学生补充评价—教师评价。

2.教师作品展示（分享自己写的小诗）。

小结：我们常说诗歌是生命的酒，诗歌是抒发感情的最便利的方法之一。我们学习诗歌并不是要把每位同学都培养成诗人，但我们每个人都要有一颗诗心，尤其是青年学生，在学会读诗品诗的同时也要尝试着写诗。拥有一颗诗心，我们能更加精准地鉴赏诗歌、更加热情地拥抱生命。

五、作业

查阅法国象征派诗人魏尔伦的《秋歌》，结合其意象的象征性，写不少于300字的鉴赏性文字。

（王清慧　吉林省扶余市第一中学）

案例二　"中西合璧"的伤婉邂逅

【教学目标】

1.通过体会"丁香"等古典意象，明确《雨巷》对传统文化的承袭；从"巷"这一意象探究《雨巷》对传统意象的创新。

2.通过与波德莱尔《给一位交臂而过的妇女》的对比阅读，了解《雨巷》对象征主义手法的借鉴。

【教学环节】

一、导入新课

以张爱玲的话（"于千万人之中遇见你所要遇见的人，于千万年之中，时间的无涯的荒野里，没有早一步，也没有晚一步，刚巧赶上了，没有别的话可说，惟有轻轻地问一声：噢，你也在这里？"）引入新课，指出赏诗亦如是，需要越过时间与空间的"荒野"，最终找到与我们心灵最为契合的那个"她"。

二、精读品味，诗意营造

教学中，需要教师进行"诗意营造"，引发学生的诗歌审美情绪期待。教师以"目视其文，口发其声，耳醉其音，心同其情"的方法对学生进行引导，以自读、听读等朗读方式使学生进入到诗歌的"情绪"中，为接下来的学习打下基础。

三、比较鉴赏

杜衡在《望舒草·序》中就曾指出："《雨巷》有着象征派的形式、古典派的内容。"诗歌运用了象征主义的写作手法，营造出一种忧伤哀婉的曲调；同时，在诗歌的意象上，采用了中国古典诗歌中常被用来寄寓愁思的"丁香"，可谓"中西合璧"。

1.经验借鉴。

读诗时，诗歌的什么地方常常打动你？

明确：情感、人物形象或抒情主人公形象、结构、语言、表达技巧、主题等，这些也就是我们鉴赏诗歌的角度。

2.比较阅读。

（1）以学习小组为单位交流，选择一个角度鉴赏两诗的相同之处。

明确：第一，情节内核相同。《雨巷》写中国江南寂寥的雨巷，抒情主人公"希望逢着一个丁香一样地结着愁怨的姑娘"，并在想象中与之邂逅，然后她与"我"擦肩而过。《给一位交臂而过的妇女》发生在喧嚷的大街上，抒情主人公"我"与一位美丽的妇人邂逅并对她产生眷恋之情，在失之交臂之后顿感怅然若失。第二，抒发的情感类似。这两首诗表达的都是对女人的爱恋以及爱而不得的幻灭之情。两个抒情主人公都是孤独而忧伤的，一个彷徨于寂寥的雨巷，一个混迹于喧嚷的大街，都渴望爱情，但都以失望而告终。

（2）"丁香姑娘"和"交臂而过的妇女"是真实的存在，还是作者的幻想？

明确："丁香姑娘"不是真实存在的。文本第一次对姑娘进行描述是以"她是有"起头，指她应该有。后面在讲述相遇情景时提到姑娘"像梦一般的凄婉迷茫"。她的出现是突然的,她的消失也是迅速的。"交臂而过的妇女"是真实存在的,作者对她的外貌以及衣着打扮进行了大量的细节描写,使其形象真实可感。

(3)在进一步了解象征派诗歌的基础上,回归文本:在看似一场"艳遇"的外表下,两首诗分别有何深层次的象征意义(多媒体显示法国象征诗的特征)?

明确:《雨巷》中的"丁香姑娘",既隐射诗人受挫的初恋,也暗含他对精神伴侣的祈盼,还投射了困境中的诗人对美与爱的向往,或者说,未尝不是诗人对另一个理想自我的想象。"交臂而过的妇女"可被理解为欲望的化身,也是波德莱尔所恐惧并又迷恋不已的"大都市情感"的化身,体现着现代都市人的孤独和痛苦。

(4)以学习小组为单位,选择一个角度鉴赏两首诗歌的不同。

明确:第一,意象选择以及呈现的意境的不同。《雨巷》所选择的意象多带有中国传统意象的色彩。如"丁香",在古典诗歌当中就有"芭蕉不展丁香结,同向春风各自愁""青鸟不传云外信,丁香空结雨中愁"的描述。此外,"油纸伞""雨""篱墙"等都是具有中国古典意味的意象。《给一位交臂而过的妇女》的主要意象"大街""女人"则明显带有现代大都市的印记。前者带有江南街巷里的压抑和唯美,后者体现的则是大都市的喧嚣和嘈杂。第二,抒情主人公形象不同。前者中的"我"是一个具有传统气质的诗人,冷漠、凄清又惆怅;后者中的"我"则是喧嚣、浮躁且充满欲望的大都市一员。第三,女性形象不同。《雨巷》中的"丁香姑娘"是古典而略带忧伤的,"像梦一般的凄婉迷茫"。《给一位交臂而过的妇女》中的"妇女"是一个具体存在的巴黎都市妇女,虽然她身着"重孝",面带"哀愁",却有着"饰着花边的裙裳"和"宛如雕像的小腿"。她似乎代表了都市的"美"与都市的"迷",象征着都市的诱惑与危险。第四,抒情主人公与诗中女性之间的关系不同。《雨巷》中"我"和姑娘之间有很多相似之处,是同质关系,即"像我一样"的丁香姑娘是诗人的影子和镜像:我们都撑着油纸伞,我们身处雨巷,我们都在彷徨,我们都默默彳亍着,冷漠、凄清、又惆怅。《给一位交臂而过的妇女》中的"我"和"女人"是异质关系,"女人"是诗人欲望的对象,两人虽同处于喧嚣的都市,但彼此独立,诗人只因短暂的邂逅而被吸引。第五,表现手法不同。《雨巷》中"丁香姑娘"这个形象是结合中国古典意象"丁香"塑造的,而《给一位交臂而过的妇女》则主要运用了动作等细节描写的手法。

四、布置作业

1.在古诗词中为何"路"的意象比比皆是,"巷"的意象并不多见?关于"路"的意象你知道哪些?

2.在江南,青石子路也是最常见的,为何戴望舒在《雨巷》中选择了"巷"而不是"路"?

(石柳 长春市十一高中)

案例三 都是细雨,几多愁?

【教学目标】

1.品读诗句,感知"雨""丁香""她"等意象,把握几首诗歌各异的情感基调。

2.群文阅读,在横向比较、纵向深入思维中形成对文本的多元理解。

【教学环节】

一、导入新课

通过秦观的诗句"自在飞花轻似梦,无边丝雨细如愁"引出话题,以"雨是一个惹人闲愁几许的经典意象,它浸润着诗人的精神世界,也牵动着每一位读者的心"导入新课。

二、群文阅读

1.读,概览文本。

选定一组与《雨巷》题材相似的中外诗歌,填写表格,建构起对文本内容的初始感受,为问题探究做好铺垫。

(1)默读。学生于心中默读诗歌,初步感知。

(2)美读。选择自己喜欢的作品有感情地朗读。

(3)比读。自由朗读,横向比较、填写表格。

群文阅读记录表一

诗歌题目	作　者	主要意象
《雨巷》	戴望舒	雨巷　油纸伞　丁香　姑娘
《凝泪出门》	戴望舒	雨　街灯　未晓天　你
《等你，在雨中》	余光中	雨　莲　木兰舟　你
《雨的魔力》	安娜·布兰迪亚娜	雨　最美的女人
《熟悉的梦》	魏尔伦	梦　陌生女郎

2.思，品味诗文。

（1）批注式阅读。群文阅读重心不在教师的讲解，而在学生的读与悟。

要求：学生阅读时，对几首诗的部分章节或词句进行欣赏、质疑或批评，用线条、符号或简洁的文字加以标注。

（2）分享个性化的阅读体验。群文阅读的鉴赏角度宜单一。学生围绕同一目标产生精神共鸣、思维碰撞。

要求：比较几首诗歌中重叠的意象。

明确：①关于"雨"。前四首诗中都出现了"雨"，是什么样的呢？第二首用清冷的"雨"营造出凄冷的氛围；第三首的"雨"透着文艺气息的清雅；第四首中的"雨"有最多情的故事背景；而《雨巷》则把文人对"雨"的喜爱推向了极致，像一幅微微泛黄的旧水墨画，迷蒙的场景为姑娘的出现做好了铺垫。②关于"她"。《等你，在雨中》的"她"是一位清新雅致的姑娘，有米黄色的外衣，没有雨伞；伴随"她"出现的是红莲，是木兰舟，温婉如古典诗词中走出的女子。《熟悉的梦》中的"她"是最熟悉的陌生人，能带给诗人心灵的抚慰；"她"外在的一切是模糊不清的，甚至连头发的颜色也是不确定的，而她带给诗人的感受却是真实熟悉而亲切的。《雨巷》中的"她"是丁香一样的姑娘。丁香形状像结，易凋谢。这个意象在古典文学中是个"愁品"，它的柔弱和愁怨、美丽和高洁，与独自徘徊雨巷中的"我"的心境非常契合。雨中的"她"着一袭淡紫色的衣裙，油纸伞下满是一怀嫣然极致的心事。③关于古典意象的选用。《雨巷》选用了"巷"和怀旧复古的"油纸伞"，长长的青石板路，一排古朴的老屋，青砖黛瓦，斑驳墙上的青苔，颓圮的篱墙，形成了一种幽深、寂静的美感。《等你，在雨中》也出现了许多古典意象，如"红莲""木兰舟""桂桨""飞檐"等。

源远流长的中国诗歌传统滋润着他们年轻的诗心，现代的诗行与古典的意象完美融合了。

3.议，深入探究。

（1）分享自己最喜欢的诗句或提出疑问，互助讨论完成表格。

群文阅读记录表二

诗歌题目	情感基调	表达方式
《雨巷》	迷蒙　哀婉	含蓄
《凝泪出门》	清冷　愁苦	直接
《等你，在雨中》	清雅　牵挂	直接
《雨的魔力》	热烈　爱慕	直接
《熟悉的梦》	缱绻　思恋	含蓄

（2）第二、三、四首诗歌有相同的情节内核——等你，他们所抒发的情感有何不同？

明确：《凝泪出门》侧重写等待中惆怅失落的内心独白；《雨的魔力》展现了热恋中的女子对爱的期待和狂热；《等你，在雨中》全诗只字未提"等你"的焦急与无奈，而是别出心裁地写"等你"的美好——"你"如红莲花一般美丽高洁，明艳妩媚，诗人满是痴迷和柔情。

（3）在第一、五首诗中都有一个抒情对象，"她"真实存在吗？

明确：第一首，幽暗狭长的雨巷弥漫着细雨和淡淡的忧伤，姑娘与独行的"我"擦肩而过又飘然消失。法国象征主义诗人马拉美说："不创造真实存在的花。""她"可以存在，也可以不存在。"她"是诗人的理想寄托或自我镜像，是一个象征性的符号。《雨巷》是诗人追寻理想而不得的内心宣泄，是苦闷彷徨又心存希冀的个人情绪的表达。

第五首《熟悉的梦》是魏尔伦的名作，描写的是他身体病弱时一位理想爱人的形象，像恋人又像母亲，魏尔伦理想中的"她"是具有母性光辉的，温暖而熟悉。这个形象表达了诗人的心灵诉求。

4.悟，比较发现。

提问：这几首诗歌选用了类似的题材，在表达情感上，同学们有什么发现吗？

明确：选取意象方面，受传统文化影响较多的诗人会选用古典意象；表达方式方面，中国诗大多温婉含蓄，外国诗则热烈直接；文化心理方面，诗人生活的时代、地域、各自的生命体验、文化背景不同，所以他们会选取离自己心灵最近的事物来表达情感。

三、师生总结

生："书读百遍，其义自见"，在几首诗歌的学习鉴赏中，读是重要的，还要学会纵向思考、横向比较，这几首诗虽选用了类似的题材，但表达的情思不尽相同，唯有仔细琢磨用心品味，才能真正走进作品、走进心灵。

师：感知意象、品味语言是诗词鉴赏的重要方法。群文阅读可以启发同学们"以一篇带多篇"，多元理解相近题材下不同作品的艺术魅力。《雨巷》一诗所包含的深层意蕴已超出了爱情的范畴，深入到了人生追求和社会理想的层面。课堂上，如果有未触及的疑问，请同学们课下继续思索讨论。

四、布置作业

1. "雨"是诗歌中的经典意象，是否所有的作品都借此表达愁绪呢？请举例分析。

2. 从感知意象入手，鉴赏戴望舒的《自家伤感》和席慕蓉的《雨后》。

（周瑜　长春市第二实验中学）

诊断意见

三个案例都把理解、感知"丁香"等意象作为教学目标，体现出特定文本教学目标的规定性与稳定性。除此，案例一还将押韵、复沓等艺术手法的感知作为教学目标，并且尝试创作诗歌；案例二将《雨巷》与波德莱尔的一首诗对比阅读，了解《雨巷》对象征主义手法的借鉴；案例三则通过群文阅读着意对文本的多元理解。这些"异"处体现出教学目标的选择性与特殊性。

教学设计的"异"处十分突出，是三位教师教学功底与教学风格的呈现，限于篇幅不能展开分析。但对案例一第三部分3-（1）中对意象与社会背景的分析以及4-（2）中的"知人论世"持有异议。作业呈现出的"异"也比较突出：案例一课堂上读写结合写的是诗，课后作业也是读写结合，但写的是对魏尔伦的《秋歌》意象象征性的鉴赏性文字，把学生引向课堂没有涉及的印象派，是对《雨巷》创作特色的延伸与补充。案例二探讨古诗词中"路"与"巷"的意象，突出《雨巷》不仅融汇传统意象而且有所发展，是对《雨巷》中意象的拓展与深化，立足于思考、探究，而不是读写结合。案例三侧重"群文"中意象与情感的关系，从品鉴意象入手，鉴赏戴望舒的《自家伤感》和席慕蓉的《雨后》，也是对课堂教学的深化、延伸、拓展。

　　案例一在教学策略上侧重于读写一体的教学设计，读写结合的设计初衷首先来自学以致用的观念，设计者认为可以通过写来巩固读的成果。从题目上分析，所谓"诵诗作"是其主要的教学方法，"品诗味"是其教学的主要目标，"植诗心"是其教学的终点。就教学设计本身而言，其逻辑结构清晰，操作流程规范，理念、目标也具体明晰。这可以算是一篇封闭式的、完善的设计。

　　设计者王清慧在其反思中虽指出"教学设计过于面面俱到"这一短板，但并不反感"面面俱到"，而只是觉得有点"过"，是"量"的问题，而不是"质"的问题。一位有15年教龄，一直在乡镇、县城中学执教的教师，"面面俱到"的理由是不可回避的学情，教师不先周全地考虑到教学内容，学生可能不会去主动思考要在一首诗中获取什么有效的信息，你给我什么我就吃什么。这样的循环往复造成了教师总也不敢放开手让学生去"打食儿"，破解这个恶性循环，不是教学设计能够解决的问题。或许实施这个设计的时候会发现，面面必有不到，"贪多嚼不烂"，有时还真不是"多多益善"，不厌其全，是以消解精彩与特色为代价的。

　　案例二是一篇颇具学术性的教学设计，体现出石柳作为文学硕士的专业特质。这篇教学设计征引文献规范、标准，可惜截取部分没有呈现出来。

　　"全息"传达作品创作上的借鉴与取舍，在审美观照下鉴赏《雨巷》，是本教学设计的核心理念。从这个理念上看，虽然还是着眼于教材文本本位的教学设计，虽然还是基于教师自身学术根底的设计，但这是基于重点学校优秀学生的学情而设计的。这个理念是在充分相信学生已经跨越了内容理解和浅层艺术特点层面的前提下，引导学生直指作品"为什么这样写"即风格取向上的探索。

给一首新诗做鉴赏上的定位，我觉得一是把它放到诗歌史中，二是寻找与之构成"间性关系"的另一个或多个文本，以构成对比鉴赏或群文阅读。石柳选择前者，将《雨巷》和波德莱尔的《给一位交臂而过的妇女》进行比较鉴赏，使学生明确所谓"新诗"，并不仅是以白话入诗，更重要的是既有对中国古典诗歌传统的继承和创新，又有对西方外来诗歌创作方法的借鉴。这种做法既是对设计理念的具体落实，又是对现有诗歌教学常规的一种挑战。

令人担心的是，若没有如此优秀的学习者群体，这个设计恐怕难以实施。好在石柳在学生中做了调查，她的学生乐于接受挑战，并做出了精彩的回应。

案例三原本也设计成比较阅读，但转而设计了群文阅读，周瑜"改弦更张"给自己一个挑战。她引领学生跨越了诗韵的"雨巷"，在更为广阔的诗意中徜徉甚至"迷失"。她找到了"群诗"与《雨巷》的"间性关系"。与案例二相比，石柳意在探寻那块"中西合璧"之璧属于象征主义的部分；周瑜也是此意，但她把学生鉴赏诗歌的情愫在思维的空间纵横拓展，为选择的多元化与多元化的解读提供了可能。用一课时提供这么丰富的学习资源，通过师生的动态选择寻觅到包括《雨巷》在内的独特的美，这种美甚至可以漫延开去，滋润学生的心田，使学生进而从此爱上了诗，这是一节诗歌鉴赏课的莫大效益！这样的目标得以实现，哪怕只是学习诗歌，有何不可？语文课应该是美与效率的共同体，二者均不可或缺。"群"诗阅读显然可使效率得到保障。

周瑜为了完成任务，读《戴望舒诗集》、读研究戴望舒的书、读关于语文教育的书，着实"恶补"了一番。我很想借此告诉包括周瑜在内的青年教师，有了十年以上的教龄，要对"实践的理论化"引起足够的重视，努力归纳属于自己的实践性知识，是走向更高教学境界的重要途径。

系统理论为教学设计提供了科学研究的方法，传播理论为之提供了选用教学媒体的技术，学习理论使之符合学习规律，教学理论指导了它的具体操作。但是如何将这些理论以综合的方式在语文教学设计中得以转化，语文教师仍需努力。从不同角度划分，有不同层面与类型的教学设计，以"课堂"为中心的设计是与教师联系最紧密、最普遍存在的一种，教师是主要的教学设计者，如何把教学设计引向方便学生的学习，而非方便教师的教学，是当务之急。

当前"同课异构"的问题也不少，最为偏颇的做法是忽视学情刻意求巧、求异，不惜剑走偏锋，其中隐含的虽是关注教师专业发展（这本不错），但忽视学生学习；其次是相互借鉴多而自我创新少。若能纵向使用"档案袋"，谋求个体在几个轮次的教学中的"同课异构"，将是一种新的尝试。希望三位老师不要把这个设计当作一个孤立事件，尝试在不同个体"同课异构"的基础上，反思同一个体"同课异构"的真实状况。

自读课：关键在于引导学生自己读书

在现行教材中，以单元为结构形式的文选一般都将单元最后一课安排成自读课文。从教材编者的角度看，在学习了三篇讲读课之后，安排一次自读课，使学生在讲读课中获得了相关知识、形成一定能力的基础上，在自读课中巩固所学知识、迁移相关能力，并在其他单元的学习中不断强化这种方式，讲读自读结合，使学生形成富有个性化的读书方法。编辑的初衷是好的，但在实际教学中确实极难落实，自读课是缺失的。从这个角度看，东北师大附属实验学校赵博老师的《边城》自读教学设计便呈现出几点值得借鉴的亮点。

第一，尊重自读课独立存在的价值。在高中语文教学中，课程形式应该是多元的，但不仅是选修课程必修化，自读课也在讲读化。赵博老师的这节自读课教学，真正以自读课的形态呈现，而且又是在读了整本书的前提下进行的，这是我很推崇的原因。

自读课在某种意义上看，是对讲读课的巩固、深化与拓展，也是学生寻找适合自己的独特的学习方法的过程，甚至可能由此形成自己的治学方法。再看赵博的课前准备，她在任务驱动中引导学生读《边城》——一方面请学生写出对读《边城》的不解与困惑，一方面给出学生需要在阅读中思考的问题——师生并不同在一个场域中，但一直在共同思考，教师在无形中陪伴学生读书。这样的教学氛围得以形成，肯定源于师生之间的高度默契，没有这一点，学生在应试的威逼下不会去读《边城》全文。甚至可以说，赵博通过自读课的存在而给语文课堂留了一个"活口"，让学生能够有一个喘息的机会，呼吸一口新鲜空气。难能可贵的是，自读的内容不局限于教材的节选，而是就《边城》全书进行自读教学。这就有效弥补了文章节选造成的"管中窥豹""不得全豹"的尴尬，其实际价值不可小觑。

第二，具备语文活动课的一些元素。目前比较一致的看法，语文活动课是一种在我国新型活动课程理论指导下，本着活动教学的思想，学生全员参加，自主选择活动项目和形式，师生共同活动的语文课型，属于学科类活动课。它具有独立性，与"语文课堂教学"相辅相成，与"语文课外活动"可以并存。因为目前自读课的缺失，很难具体描绘理想的自读课应该怎样，但是语文活动课的灵活形式、活动主体必须是学生等特点，在本设计中都有明确的呈现。这一点在学生对《边城》结局发表的观点中有很好的体现。

第三，有专题教学的初始形态。就目前以文选为结构形式的高中语文教材来看，虽然选文门类齐全，但选文并不具体承载相关的语文知识和语文能力，很难说教材能够肩负起提高语文学习水平的担子。达成教学目标非只一途，通行教材也有其局限性，而专题教学则有其明显的优势。本设计以教材中的一篇长篇节选的自读课文为起点，设计整体方案，学生以阅读中的真问题为出发点，整合课内外的教学资源，自主确立专题展开研读，并以任务驱动形成专题学习成果；教师在整个学习过程中采取适当的策略对学习内容、学习方法等进行指导，对学习态度进行评价，并根据学生兴趣、能力、完成状态等因素灵活调整教学内容和进度。专题教学的这些特质决定了它将成为高中语文教学的一种优势明显的课型。赵博老师不仅以教材中的一篇自读课为切入点，还引导学生读全文，并阅读相关的著作，为学生策划了一个关于《边城》的专题性学习，这是一种有价值的探索。这样的设计，也具有群文阅读的基本特征，特别关注文本的间性关系，对提高阅读效率有明显的优势。

不足之处也是比较明显的，受呈现自读成果的课时限制，展开讨论的问题不够丰富，而教学目标又比较多，这表明设计者尚没有宏观架构下的自读课教学目标，而且从设计说明中可以推测，设计者更关注的还只是文学作品的阅读，非文学性作品鲜有涉猎，或许也揭示了赵博老师在读书上的"偏食"状况。教学形式还比较单一。本设计是在真实发生了教学行为之后整理的,经历了"设计—操作—设计"的过程,是修正过的,比较理想化的,以学生能够认真读书、会读书为前提的,耗时大,不易得到家长甚至同行的认可。如何在作者中心、文本中心与读者中心的阅读中转换与平衡,是下一步应该思考的问题。

总之,作为"张玉新导师工作室"的学员,这个作业可视作赵博老师进入自觉地进行教学探索的新起点。

语文活动课：基于专业学习共同体视域的设计

从问题的角度看问题，并非否定成绩，只是希望减少或杜绝问题。其实又何止语文活动课存在问题。这里只就语文活动课的设计略陈陋见，就教方家，以期尽量解决一点这方面的问题。

语文活动课的定位

语文活动课，也是语文课，只是区别于约定俗成的语文课堂教学，因此它是语文课的一种类型，而且其突出特点是"活动"；正因为特点是"活动"，因此也是活动课中的一种，即带上"语文"学科特质属性的活动课。是课，就要求是在教学进度之内、排入课表、教学场所比较固定，这使它区别于课外活动。

虽然是活动课，但没有语文学科特质，也不算是语文活动课；虽然语文学科特质十分突出，却没有"活动"，也不能算是语文活动课。

语文活动课的设计当以专业学习共同体为组织形式

语文活动课存在诸多问题，其中教师对语文活动课的设计尤为突出，这些问题大都可以从构建专业学习共同体中得以解决。

1.构建教师专业学习共同体符合语文活动课的组织需求。

霍德认为，学习共同体是由具有共同理念的教师和管理者构成的团队，他们相互协作，共同探究，不断改进教学实践，共同致力于促进学生学习的事业。

教师专业学习共同体的核心是"学习"，共同体中教师们的学习融于工作之中，学习方式是团体协作，学习结果是教师集体的持续专业发展，学习的最终目标是促进学生的学习与发展。

语文活动课的设计，目前尚未形成制度，主要靠教师个体的努力，而个人的智慧又是有限的，共同体协作设计显然是行之有效的选择。

2.教师专业学习共同体的主要特征符合语文活动课的设计需求。

目前，尚没有专职的语文活动课教师，也无系统的语文活动课教学理论可供教师学习。散兵游勇、各自为战对语文活动课设计而言，不仅随意性大，也难以持久。若能在共同的价值观和愿景之下协同设计，成效必然显著，这正是专业学习共同体的特征之一。由于愿景是由全体成员通过协商共同创造的，是得到所有成员广泛认可的，共同愿景把所有成员凝聚在一起，使他们在语文活动课设计过程中共同学习、共同发展，从而推动语文活动课的发展。

职业倦怠的原因是多方面的，不合理的评价制度导致语文课程的窄化，加剧了职业倦怠。据相关研究，教师职业倦怠的高峰期是教龄七至十一年。缓解职业倦怠的途径之一是引导教师共同学习和应用，这是专业学习共同体的特征之二。语文活动课还处在不成熟期，不同教龄的教师共同学习相关理论并将学习结果用于创编高水平的语文活动课，可满足学生的学习需要，使语文课程得以丰富。孤立个体设计的语文活动课，受限于教师长期处于孤立的、封闭的状态，教师之间是一种竞争甚至相互猜忌的关系。在专业学习共同体中，同年级、同学科，甚至不同学科、不同年级的教师之间持续不断地共同学习与合作，质疑现状、寻求新方法、验证新方法并解决问题，从而设计出行之有效的语文活动课。

成就感是促进教师专业发展的动力，共享的个人实践是专业学习共同体的又一特征。在具有共同愿景的专业学习共同体中，同事相互观摩语文活动课，讨论观察到的结果，形成制度保障，在严谨的程序引导下开展语文活动课，使之得以持续不断地进行。个人实践成功与失败都能得到他人的关心和帮助，在共享实践的过程中一同成长。

3.专业学习共同体的理念完全适用于语文活动课的设计。

教师专业学习共同体有三个重要理念，第一是专注于学习。杜福尔认为，学习共同体的创建，聚焦于学而不是教。学校所做的一切都应该以"学习"为核心。但是教师往往只把自己当作专业的教学人员（专家），不是把自己首先当作学习者，更遑论优秀的学习者。专业学习共同体中的学习一是强调成员之间协同合作、共同反思、共同学习、共同成长，二是一切学习都是为了解决教学过程中所存在的问题，为了改善目前的学习。

第二是合作的文化。提供相互协作的环境，创造一种合作文化被认为是成功地增强学校变革的积极性的"唯一重要因素"，也是努力增强学校效能的"第一要务"。语文活动课的设计需要合作文化的形成，这正是构建专业学习共同体的核心。只有在开放民主、相互信赖、相互支持的环境中，教师之间才能齐心协力、同舟共济，才能够实现为所有学生提供高水平语文活动课学习的根本宗旨。

第三是聚焦于成果。专业学习共同体的一切努力，如确定共同的使命、愿景和价值观，进行集体探究，构建协作共同体，采取行动，强调关注持续发展等必须以结果为基础进行评估，而不是评估目标。语文活动课的结果是学生从中获得学业水平的提高，这也与专业学习共同体以学生的学习成果而非教学的意图为目标来评估教师的教学成效相一致。

语文活动课设计要关注的问题

语文活动课作为学科类活动课的一种，它是在语文教师指导下，有组织、有计划，由学生主动运用已有的语文知识和技能进行语文能力训练，促进语文知识的延伸、扩展和转化，达到形成语文能力、发展志趣、培养特长之目的的语文实践操作课。目前语文活动课没有专用教材，这与语文课堂教学不同。"活动课程学科化"势在必行，语文活动课也必须学科化，并且要逐渐与语文课堂教学达成动态平衡。

语文活动课设计的原则：一是强调个人创意。在专业学习共同体中，语文教师要充分发挥自己的创造才能，使语文活动课的设计富有创意。二是共同创编。在集个人创意之长的基础上，由共同体协作创编，或许能创生出语文活动课程的新理念，在具体实施中使师生双方都在语文活动课中得到提高。三是选择性实施。限于学情等因素，协作创编的语文活动课设计也未必都能实施，所以要选择适合学情的方案。

语文活动课设计的内容，与语文课堂教学的内容是相辅相成的。语文课堂教学以语文教科书为基本媒介，教科书在内容上分为两大块——阅读与写作，阅读又分为不同文体、不同时代、不同国别的文本，写作又分为不同表达手法、不同体裁。与此相适应，语文活动课也应该包括阅读与写作，但其特点是以学生活动为主体，而非以教师讲授为主体。

关于语文活动课的设计，拟从四个维度提出拙见。

第一个维度是关注情境性、开放性与学科探索性。所谓情境性是指真实的在场感，具体说来着眼学习个体的生活经验与语文学习的现有水平，着眼学习个体的社会生活经历；所谓开放性首先是指活动内容的开放（指不局限于语文学科，可以充分"跨界"，体现出某种"综合性"取向）、活动时间的开放、活动空间的开放；所谓学科性探索是指情境性、开放性最终以语文学科的探索为归结点。

第二个维度是突出阅读与鉴赏、表达与交流、梳理与探究这三条与教科书结构相对应的线索。因为语文活动课与语文课堂教学是相辅相成、相得益彰的，课堂教学中阅读与鉴赏、表达与交流、梳理与探究这三者任何一个出现问题，语文活动课就应该相应地有针对性地加以修补，以完成教学目标。阅读与鉴赏、表达与交流可以变为具体生动的语文活动课设计，但最终要落实到梳理与探究这个归结点。

第三个维度是解决动机与兴趣、习惯与积累等关键性问题。这些关键性问题在课堂教学中不容易解决，而语文活动课则能体现出优势，学生在活动中动口、动手的机会多，获得学习成就感的可能性大，使兴趣的培养与动机的激发成为可能。语文活动课还要针对学生的不良学习习惯进行矫正，同时强化建立好的学习习惯。语文学习是建立在积累之上的，活动课一方面了解学生的积累，一方面促进积累。

第四个维度是宏观着眼与微观着手结合。语文活动课有学年的、学期的、单元的，甚至还有更微观的一堂具体的活动课。从设计思想上看，宏观架构很重要，要对一个学年的语文活动课有整体规划，要循序渐进；对一学期、一个单元的语文活动课有具体规划，专题、主题布局合理；对一堂活动课有详细方案，注意遵循趣味性原则，使之有别于课堂教学形式的整齐划一所造成的单调和呆板，符合学生的年龄和身心特点才能使全体学生都主动参与。

总之，语文活动课设计与语文课堂教学设计一样，仅仅是静态的文案，在实施时，不但要注意遵循学生主体性原则、实践性原则和趣味性原则，还要因时、因地、因校制宜。教师应当根据学生在语文活动课中的具体情况，灵活机动地修正原定计划和方案，以期取得最佳效果。

第三辑

怎样上出原生态的真实好课

CHAPTER 3
怎样上出魅力家常课

本辑要点

- 当务之急是"啃"读一本垫底的书
- 整合：思辨性阅读的有效策略
- 上好家常课的"台下十年功"与"台上一分钟"
- "九字诀"：古代诗歌教学一种有效的操作范式

上出原生态真实好课的因素众多，无法穷尽枚举。这里只针对我高度认可的因素举例，所举之例既不全面也可能偏颇，聊供语文同仁作为讨论的话题或批评的靶子。

语文教师课堂之外的第一功夫就是读书，《当务之急是"啃"读一本垫底的书》就是对此立论的。读书是教学的不二法门，书底儿的厚度决定专业发展的高度。

从思维上看，很多语文教师都偏爱形象思维，以为语文教学是文学教育的主阵地，而文学主要是形象思维。其实抽象的逻辑思维同样重要，是语文教师认知水平的重要标志。即便是文学作品的鉴赏，也需要逻辑思维。语文教师无疑应该具备思辨能力，《整合：思辨性阅读的有效策略》强调思维的培育，尤其关注在阅读中对文本进行思辨，提升思维品质。

上好一节家常课的前期准备简直是个无底洞，但并不是把准备好的东西都在课堂上全盘端出来；上完课不意味着结束，课后的反思是不断上好家常课的必要条件。《上好家常课的"台下十年功"与"台上一分钟"》就是以我上《断魂枪》一课的"全息"镜像（从选课、备课、写教参、上课到课后反思）为案例，向同行呈现怎样上出原生态的好课。

古代诗歌教学的"九字诀"就是我的家常课最为稳定的操作范式。《"九字诀"：古代诗歌教学一种有效的操作范式》从总的方面说明原生态家常课的理念以及具体操作。研究中国独有的文学样式的内在规律，以提高课堂教学效率，在一定意义上是对当下过于追求文本"外部"研究的矫正。

当务之急是"啃"读一本垫底的书

《普通高中语文课程标准》(2017年版)已经颁布,整本书阅读将是高中语文教学的一个重要教学内容,是贯串三个年级的学习任务群,自上而下的培训也拉开序幕,语文教师更是急于准备应对策略。很多优秀的语文人在读整本书的策略上给出了很好的建议,有的名师已在教学中带领学生读过整本书,取得良好的效果,基于新课程读整本书的要求研制出许多典型案例。我非常赞同学生读整本书,但学生读整本书的前提是教师要先读整本书,而教师读书情况不容乐观。一些读整本书的案例也多出自顶尖学校,学生群体、教师群体都很优秀,这使得读整本书的样本不具有普遍性。所以落实学生读整本书要从教师先读整本书开始,而教师读整本书的当务之急是先要"啃"读一本垫底的书。

为什么要"啃"读

什么叫"啃"读?"啃"是指把东西一点一点地咬下来,而且是使劲咬,比喻刻苦钻研,解决困难也叫"啃骨头"或"啃硬骨头"。"啃"读不是轻松地读,是费力地读,是长筋骨地阅读。鲁迅读书就有"硬看"一法,与"啃"读相类,即对难懂的必读书,硬着头皮读下去,直到读懂钻透为止。

为什么要费力地读书?源于语文教师不佳的读书现状。

寒假期间,笔者与"导师工作室"微信群的五百人展开"读书与教书的关系"的讨论，气氛虽然比较热烈，但关涉主题的不多，有的虽关涉主题却不深刻。给大家提供的共读书目《中国文化要义》（梁漱溟）几乎没有人流畅读完，普遍反映读不懂。这是不曾"啃"读的一个例证。

关于读书的调查搞过多次，语文教师中没读过四大名著的大有人在，关注教学内容与教学效果远远超过关注自身的学养。很多教师只读过课文《林教头风雪山神庙》，没有读过《水浒传》；只读过课文《林黛玉进贾府》，没读过《红楼梦》；只读过课文节选的《逍遥游》，没读过《逍遥游》全文更遑论《庄子》全书；只读过课文中《史记》的选篇，没有读过《史记》。

语文教师最应该成为"读书人"，现状却是不读书、读书挑、读书偏。在某种意义上说语文教师成了不读书群里的"主力"也不过分。这是不懂"啃"读的一个例证。

不读书既有主观因素也有客观因素。评价体系在客观上导致语文教学严重的试题化倾向，读书短期不见效，不想读书；主观上忙于应试，编制试题，研究考试规律，无心读书。一部分以教谋生者，只是通过"规定"的"常态"教学获得基本的生存资源，无心力改变现状；一部分现行评价体制的既得利益者，精于编制试题、预测考试，有市场，不用读书就有丰厚的利益资源，或者读书仅是为了命制试题。

读书挑的问题也很严重。有选择地读书难道不好？所谓"挑"是指专门挑选没有营养的书读，貌似读书，实则是"伪"读书。比如，很多人专门挑快餐式阅读，不读原著，只读梗概、简述、评论等，"打快拳"现学现卖包装自己，浮皮潦草，心不在焉。有的教师为了经济利益，应付考试，编写所谓名著导读之类的复习资料。为了应试，很多学生也专挑此类书读，影响很坏。

读书偏的问题比较复杂，但毕竟还是肯于读书的群体。所谓"偏"指偏爱某一类的书，比如文学类的书、娱乐消遣性的书、容易读的书，凭兴趣读书。"偏食"导致知识结构不完整。

很多语文教师的阅读区间是：大于等于教材，小于等于教参。

读书应该是轻松愉快的事情，可是总轻松愉快地读书，本身书底不厚的人，总是没有底气。博览群书是高境界，就语文教师的读书现状而言，这个境界难以企及。精力有限、时间有限，工作繁忙、评价体系存在偏颇，"啃"读就成了一种必要的选择。费力气地"啃"读一本书，虽少却精，在"啃"的过程中建构自己的知识框架，形成治学门径，增加底气，成为"读书人"，把自己"啃"的经验当作第一手材料，让个体经验不断上升为实践性知识，指导学生读整本书才有可能。

现在很多语文教师没有能力指导学生读整本书，"啃"读一本垫底的书，是明智的选择。

在一定意义上可以说，书底儿的厚度决定专业发展的高度。

"啃"读什么书

做教研员以来总有青年教师请我推荐书目，我大都拒绝。前面提到的我给群里的老师推荐的共读书目，我看不难，比较好读，内容也适合语文教师，可是大家纷纷表示读不懂、读不进去。可见我的推荐是失败的。

让别人推荐书目的人是什么读书状态？有人是基于建构更完善的知识结构，因此找行家推荐最有帮助的书；有人是基本不读书的，不知道该读什么，于是求助别人。针对后者，"啃"读最为必要。这就要盘点自己的"库存"，看看有什么家底儿；要是没有家底儿，就要抓紧原始积累，要是某些方面有欠缺，就抓紧补充。郑板桥读书的"求精求当"给人以启发。"求精"指读书要有选择，选好书，读精品；"求当"指读书要恰到好处，要适合自己的水平和工作需要。选择"啃"读的书，如同找爱人，自己最清楚需要什么样的人，不能依赖别人的介绍。

根据自己的经验，我觉得大致有以下三个建议供参考。

解决教学的"刚需"必须"啃"读的书

对语文教材的驾驭，你最缺什么，最急迫购什么"货"？"教好书"是语文教师的主要职责之一，语文教材是文选式的"文集"，文章体裁多种多样，涵盖古今中外的作者，谁都不可能"各体兼擅"，谁都有自己的缺项，这就应该做如下选择：

1.补短。选自己的短板"啃"读一本能够垫底的书。比如,教材中《史记》选篇比较多,而且主要选择本纪、世家、列传,这些就是"啃"读的必要选择;古代诗歌选篇也比较多,从先秦到明清,几乎是古代诗歌史的精编版,其中李白、杜甫的诗最多,苏轼的文、诗词也多,古代诗歌史、李杜诗、苏轼集就应该成为"啃"读的选择。

2.扬长。在大学读书期间,大概某一个方面的书比较喜欢,读得也多,形成了自己的阅读章法,甚至能跟踪学界的研究动态,这就是你的长处,应该在教学中不断打磨,将其打造为自己最有底气、能形成教学风格的特长。

补短与扬长不能割裂,要综合运用,使短的不短、长的更长,达到均衡,形成完整的知识结构。

解决专业发展的"长需"必须"啃"读的书

如果说"刚需"是应急的、短期的,那么"长需"就是持续的、终身的。处于模仿教学阶段的老师,大学的读书积累若是比较好,则"扬长";若不好,则"补短"。处于独立教学阶段的老师,则要选择使教学功底扎实的书去"啃"读,让自己没有明显的短板。处于独创教学阶段的老师,长于实践,却难以升华,则要着重补理论之"钙"。总之,"啃"读什么能使自己在相应阶段领先,是选择的原则。专业发展往往存在发展期、倦怠期、瓶颈期、衰退期等,如同身体不同时期的状况,都要相应地补铁、补维生素、补微量元素等等,如同膳食结构一样,不能偏食,不能消化不良,不能弄得虚胖,不能弄得一身病。

结合新的发展需要选择"啃"读的书

课程改革是动态发展的,上一轮改革强调三维目标,这一轮改革强调四个核心素养,语文教师面对变化又有了新的短板,要在观念、理念上集中学习。尤其是任务群,若没有比较扎实的专业功底,难以进行任务群的教学。读整本书也考验语文教师的书底儿,不事先做好读书准备,到时候难以开展教学,现买现卖来不及。

读书是语文教师的职业要求,"啃"读看似笨拙实则是读书的正道,不断"啃"读是专业发展的保障。

怎么"啃"读

读书有精读、泛读、浏览之别,各有优长,诸法结合起来效果才好。但鉴于教师读书现状,这里仅从精读的角度谈一下个人看法,并非否认泛读、浏览的价值。古今中外有成就的人往往有独特的读书方法,诉诸言论,给人以启发。

名家的读书启示

古今中外的名人都有独特的"啃"读方法,这是他们取得成就的前提之一。

1.重视精读。卢梭说:"读书不要贪多,而是要多加思索,这样的读书使我获益不少。"苏步青也认为读书不必太多,要读得精,要读到知道这本书的优点、缺点和错误,才算读好、读精。郑板桥说:"求精不求多,非不多也;唯精乃能运多,徒多徒烂耳。"又说:"当则粗者皆精,不当则精者皆粗。"他强调多读必须以精读为基础,多读的内容也必须用精读中得到的知识去联系新知识,围绕一个课题深入"啃"下去。秦牧则主张"牛嚼"式的精读,牛吃草后,再反刍倒嚼,嚼烂嚼细;读书也先大体吞下去,然后分段细细研读体味,再难消化的东西也容易消化。

华罗庚的精读过程分"由厚到薄""由薄到厚"两个阶段。没读时感到书很厚;在读的过程中,对各章各节作深入探讨,每页上加添注解、补充参考材料,书比原来更厚。对书的内容透彻了解、抓住要点、掌握精神实质后,就会感到书变薄了;愈是懂得透彻,就愈有薄的感觉。

2.读书要讲究顺序与条理。朱熹不仅"熟读而精思",还强调要"循序而渐进"。苏轼每一本好书都要读几遍,每读一遍都只带着一个目标去读,即所谓"八面受敌"法。他读《汉书》,第一遍学习"治世之道",第二遍学习"用兵之法",第三遍研究人物和官制。数遍之后,对《汉书》多方面的内容便精熟了。苏步青也主张读多遍,第一遍读大概,第二遍、第三遍逐步加深理解;有些地方不懂,又无处查,就读下去再说,以后再读就会逐步加深理解。鲁迅则"跳读",碰到疑问看不懂就先跳过去,过一阶段,有了新的经历或者读了其他相关的书,对这个难点有了新的理解,再读便明白了。

讲究条理与顺序的好处是既节省时间又提高阅读效率,便于把精力放在原著的整体理解和最重要的内容上。

爱因斯坦则用"总、分、总"三步读书法。"总"是先对全书形成总体印象,在浏览前言、后记、编后等总述性文字的基础上,认真地阅读目录,概括了解全书的结构、体系、线索、内容和要点等。"分"是在"总"的基础上,逐页而非逐字地略读全文。在略读中,特别注意书中的重点、要点以及与自己需要密切相关的内容。再"总"是在读完全书后,认真思考、综合,弄清全书的内在联系,以达到总结、深化、提高的目的。

3.抄读、点评。张溥的苦读是典型的"啃"读,强调读写并用,"眼到、手到、心到",每读一篇新文章,都工工整整地抄在纸上,一边抄一边在心里默读。这就是不动笔墨不读书,强调勾画、做笔记,有时还要把疑问、感想写出来,不仅积累资料,也记录读书时产生的灵感;类似的批注阅读,既可记录突发的闪念间的感想,又可以对书的内容观点进行评价。

上述名人们的精读,各有"啃"法,适合自己的才是最好的,不要盲目模仿、刻板死学,要结合自己的经历与学养活学活用,采百花之粉,酿独特之蜜。

名师的读书启示

若说名人离我们比较远,那么同行名师的读书经历则比较切近教学实际。兹列举我比较了解与敬佩的三位著名语文特级教师的"啃"读,以获得启发。

1.李震的曾巩研究。李震是在读书与著书中成长、成名的典型,他肯坐"冷板凳""苦读",历时十二载,废寝忘食,数易其稿,先后完成《曾巩资料汇编》(45万字)、《曾巩年谱》(30万字)和《曾巩诗文选注》(30万字)。

他热爱中国古代文化，并非只喜欢曾巩，当得到专家的点拨，知道曾巩研究领域空白尚多，便本着填补学术空白的初衷开始研究。他通过对曾巩的研究认识到学术研究要看准方向，要执著地走下去。他几乎翻遍宋及宋以后的史学、文学等古籍以及部分地方志，从而系统地了解了宋至"五四"这一历史阶段文学典籍情况。通过研究曾巩，他还研究了与其同时代的欧阳修、梅尧臣、范仲淹、李觏、强至、沈括、三苏、陈师道、张耒等一批学人，阅读了《宋史》《续资治通鉴》《续资治通鉴长编》等一批史学著作，摸索到了独特的治学方法。

中学语文教师中搞学术研究者不多，取得成绩的更少。因为要忍受繁重的教学煎熬，更要忍受孤独；但李震觉得孤独是一种反思、一种积累、一种蓄势，这是他取得成就的必要条件。他的研究与高校专家的比，成果也是不可小觑的。学术功底与研究能力使他在中学语文教学上取得了优异成绩，也为他在学界赢得了一席之地。

通过学术研究形成自己的治学门径，这是最值得语文教师借鉴的举措，这样治学，正是多数语文教师所欠缺的。有了这样的功底，研究教材文本的解读，就不会有什么难度了。

2.程翔的《说苑》研究。程翔是"少年得志"的名师，不到30岁就评上了特级教师，发展之路顺风顺水，从山东到北京，从教师到校长。就这样依惯性走下去在名利方面也不会差到哪里。程翔译注《说苑》，缘于高中课本的练习题中有一段《愚公谷》出自《说苑·政理》，他发现教参译文有误，就找《说苑》核实，激发了对《说苑》一书的浓厚兴趣。读完中华书局出版的《说苑校证》，了解到大陆学界对此书的研究是一片待开垦的"处女地"，就决定将此书全文注释、翻译，并加简评。在工作26年进入中年后，觉得自己并没有真正扎扎实实地研究过中华原典，他自我审视反省，总觉得有一种轻飘悬浮感，发觉自己没有把眼光和头脑深入到传统文化的核心区域，没有系统完整地体受自己赖以为营养的精神泉源。历经四载，奔波寻觅，搜集研究《说苑》的资料，终于在2009年完成《说苑》译注。译注《说苑》的工作使他沉静下来了，懂得了什么叫坐冷板凳。在长达四年的时间里，每天下班后就坐在书房里，天天晚睡早起。为了弄清一个字，要查阅大量的资料，要花费几个小时。虽然苦、累，但精神充实。有时因为解决了一个难题，高兴得夜不能寐。但他并没有止步，又历经十年艰辛，完成《说苑》评注，并由商务印书馆出版发行。关于《说苑》的两部著作，从注、译到注、评，这是程翔学术研究质的转变，是一个建构自我的过程。如果说《说苑》译注还只是为了"弄明白""说清楚"的文本研究，到《说苑》评注则标志着他开始阐发"我认为"，是"成一家之言"的建构。

一般说来，出道过早，或有空疏。怎样自视"盛名之下其实难副"？程翔给人的最大启示在于自我超越，他学而知困，知困而学，咬定一个目标卖力"啃"读，用艰辛的努力与不懈的求索使名实相副，成为一名真正的特级教师。

3.陈军的《论语》研究。陈军也是"早慧"型的语文名师、名校长。入道之初即得到前辈名师蔡澄清先生的垂爱、点拨，加之刻苦努力，不断改善自己的生活与教学环境，从安徽到上海，视野渐宽，胸怀愈广，求索不息。在他工作的第23个年头写出的《语文教学时习论》中，《论语》就已经占据一定篇幅，但还不能算专论。在以后的近十年里，他进一步比较朱熹、刘宝楠、钱穆、杨伯峻等学者的注疏，"俯而读、仰而思"，但不是一头钻进故纸堆，而是触发对教育现实的批判和思考，得到教育的义理。他研读《论语》最得意的地方，就是把每一章每一节都看作教育对话的情境，《论语》在他眼中，静穆的文字章节都是活生生的具体教育情境。他把《论语》研究和自己的教学实践互相融合，互相对照，开拓了一条从教育学的角度读《论语》的新路，在古今中外众多的《论语》研究成果中独树一帜。寻绎中国教育精神的源头，同时又立足现代教育，把当下课堂与《论语》对话作比较、印证，从而连接古今，发掘出了中国教育传统精神的当下意义。

陈军《论语》研究的价值在于，他把《论语》读活了，用灵了，始终怀着追寻教育义理的情怀，融通古今，继承发扬中国古代教育智慧，着眼当下教育现实，创生独特的教育教学体系。

这三位都是从名师到名校长，都是凭借语文教学拓展自己的物质与精神空间，他们的成功与成就有诸多主客观原因，刻苦读书无疑是重要因素，而成功地"啃"读一本垫底的书功不可没。

我强调精读、"啃"读一本垫底的书，是针对语文教师读书现状持论；同样强调读书必须有量的积累。王栋生老师说阅读量不够，一切皆废，我很赞同。但先要有"质"，再去求"量"，两者不可割裂。要是从"啃"读一本书入手，连续"啃"读了十本书、二十本书、五十本书，这个"量"不就是"质"了吗？单靠走"量"是难以为自己垫底的。

整合：思辨性阅读的有效策略

思辨性阅读是指由教师主体策划的以具有思辨性的文本为学习资源的，旨在培育学习主体思维能力发展和思维品质提升的学习活动。从思维主体看，无论是教师主体还是学生主体，思辨都不是与实践对立的，而是主体深思的一种人性追求与生活方式，主体的思辨状态和追求是其实践理性的升华。在教学中，两个主体间的教与学是互相促进的。

但便于语文教师学习的思维方面的资源是零散化的，关于思维的知识是碎片化的。就思维而言，哲学范畴的思维是指相对于存在的意识或精神，或指理性认识——思想，或指理性认识的过程——思考。从哲学分化出来的逻辑学范畴的思维，形式逻辑着重研究思维的形式及规律，辩证逻辑着重研究思维的矛盾运动及其规律。心理学则重在揭示思维的发生、发展及思维在人不同的生理发展阶段的活动特征和规律。

进入新一轮课程改革，思辨性阅读的"应然"状态目前仍然不够明朗，整合已有资源或许是思辨性阅读的有效策略。

整合（integration）在英语中的含义可以为融合、成为整体、一体化、综合等。其哲学意义通常是指若干相关事物或要素之间相互作用而合成为一个新的统一整体的建构和序化过程。在这一过程中，既是此事物"整合于"彼事物的过程，又是彼事物"整合于"此事物的过程，其结果是引起这些相关事物的共同发展变化，以及合成一个新的统一整体。

整合为思辨性阅读提供支持的学科

思辨性阅读的关键是思辨性思维的培育。思维既是哲学、心理学的研究对象，也是形式逻辑、辩证逻辑的研究对象，中学语文教学没有关于思维的专门知识，当下的课程体系也不提供这些内容。学科的细分虽然促进了学科思维的缜密发展，也割裂了思维的贯通性，甚至导致思维整体性的隔离。这里说的整合，并非把若干学科合拼成一个综合学科，而是就思维而言一些学科能够给思辨性阅读提供帮助，因此要着眼于思维知识将这些资源整合。例如政治学科中讲的批判性思维，作为方法论，对语文学科思辨性阅读的指导是有效的。再如，在中学的诸学科中，数学学科为人提供思维的方法，要能够把在数学中学得的思维方式用在思辨性阅读上。思维能力迁移是思维培育的前提，只靠语文学科自身去培养思辨性阅读能力是不够的。

整合旧教材中论辩性文本与传统经典文本

新的课程标准已经颁布，对旧教材中论辩性文本与传统经典文本的整合，在于构建"任务群"形式的专题学习任务群与专题阅读，以便于集中培育思辨性阅读能力。

1.对旧教材中思辨性强的经典文本做逻辑分析，以促进学生的思维水平的提高。例如《孟子·梁惠王上》，他同齐宣王的一段对话，可以析为如下的形式：

主题：齐宣王问孟子以齐桓晋文的霸业如何。

反驳的论证：孟子用儒者反霸的理由，提出保民而王的论证。

首先列举宣王"以羊易牛""以小易大"的思想，证以"能为而不为"，乃是"不为而非不能"；不能之类是不能，不为之类则非不能。

然后导入"善推所为"的例证，说明"心物皆然"的客观道理与强弱大小之间谁胜谁败的决策。

结论：唯有归真返本，实行王道保民，始称为"天下莫之能御者"。

全文是一连锁的演绎推论，中间还有枚举归纳的部分，是作为反驳主题的充足理由拿来当例证说明的。在学习先秦名著的时候，不是把它当作"文言文"翻译，而是用以剖析孟子的论辩特色，一方面弄懂其论辩特点，一方面使学生的思维品质得以提升。这样典型的思辨性阅读文本，一定要继续使用。

2.增加与旧教材有关联的文本，彰显思辨性。例如《先秦诸子选读》中有庄子的作品，可以补充《庄子·天下》，其中记载了有名的"二十一事"，就是当时论辩的二十一个典型问题，可分为五类，仅列举三类：

第一，关于名实问题的辩论，有四题：犬可以为羊、狗非犬、白狗黑、孤驹未尝有母。

第二，关于物种化生和自身变化的辩论，有四题：卵有毛、马有卵、丁子有尾、龟长于蛇。

第三，关于物类自身差异而非统一性的辩论，有两题：矩不方规不可以为圆、凿不围枘。

文本本身就是思辨性的，这样的任务群专题学习，一定优于单篇学习，集中学习的效率也高。但对于语文教师可能会有难度，任务群、专题性学习还是"新生事物"，再加上还要"思辨性阅读"，的确有很大的挑战。

整合旧教材经典篇章既定结论、质疑与矫正

既然思辨性阅读不是因为课标提出后才有的新生事物，其存在是远早于"提出"的，只是以往没有像现在这样重视与突出，因而从前的一些做法，也能为未来的实施提供可资借鉴的经验与教训。

1.拓展节选的议论性文本，使其论证圆合。节选是因为篇幅过长，也造成难睹全貌，使得论证显得不够周延，这就需要补足。例如《过秦论》一课，由于仅节选了上篇，中篇与下篇的内容有重要价值，为了全面展示作者的观点，应该补充出来，既可以做思辨性推理训练，又可以作为拓展阅读的材料。否则，其论证就存在不足。

论证：商鞅变法使秦开始兴盛；在此基础上几代国王的励精图治使秦不断走向强盛；至秦始皇而达到极盛；至秦二世而速亡。

主题：仁义不施而攻守之势异也。

论证部分使用个别性论据，主题的得出基于归纳推理。但是，论据部分都是"秦国"的作为，而结论部分却指向"秦朝"的作为。

这就催生出一个新命题："秦国"不断强大起来直至夺得天下，是靠法家路线；"秦朝"迅速灭亡，因为不采用儒家路线。

这个矛盾课文不能很好解决，因为没有对主题"仁义不施而攻守之势异也"的分析，主题仅仅是归纳推理的结论。补充出来中篇、下篇，就使得论证圆合：

主题：仁义不施而攻守之势异也（上篇）。

论证：夫兼并者高诈力，安定者贵顺权（中篇）。秦二世若有庸主之行，任忠贤，天下不至于亡（下篇）。

课文主题也是全文主题，在中、下篇得以继续论证，使用演绎推理，终使结构圆合。若不给出中、下篇，仅靠学习上篇思辨性不能充分展开。节选与全文的整合坚定了课文的既定结论。

2.矫正文本既定结论的思辨性。利用旧教材资源进行思辨性阅读，在很大程度上取决于教师自身对教材的钻研和教学悟性。例如《石钟山记》一课虽不是议论性文本，但有说理成分，而作者的观点发展地看，存在认知上的局限性，需要在教学中质疑并矫正。

问题：郦道元、李勃通过实践得到关于石钟山命名的"正确"的认识。苏轼也经过实践探查否定了郦道元、李勃得出的结论。

归纳结论一：正确的认识来源于实践。

这个结论并不新奇，停留在此，就浪费了教材资源。根据相关材料，清代有人在枯水期进入石钟山内部，发现其内部的确如倒扣着的钟；另据现代科学技术验证，其得名的确是"形声说"，苏轼的观点也有局限。由于客观条件的限制，郦道元、李勃、苏轼的观点都有局限性，但在当时却都有相对的真理性；只有到了现代科技时代才得出了绝对真理。

归纳结论二：正确的认识往往不是一次实践就能得出，要经过不断地实践才能趋于正确。

就思辨性阅读而言，结论二显然比结论一更有价值，教师若没有对教材文本相关问题的拓展阅读，就没有事实材料对课文结论的矫正。虽然止于接受苏轼的"事非目见耳闻而臆断其有无，可乎"的结论也算完成教学任务，却不如"事即目见耳闻亦不可臆断其有无"更接近真理。阅读的思辨性得以显现，学生思维品质的提高就有了着落。教师有充分的文献准备，是培育学生思辨性阅读能力的物质保障，要主动开发课程资源。教师提供丰富的、需要思辨的阅读材料，使之与课文构成文本的间性关系，所提供的阅读材料本身就需要学生激活思辨性思维，又要把课文的主旨思辨清楚，在多种阅读资源整合中动态寻找其相关性，不仅需要思维的灵活性与流畅性，更需要思维的独创性。在寻找阅读材料与课文的关系的思维过程中产生的思想、见解、发现和解决的问题，虽然在人类是已知，但对学生来说却是全新的，这也是一种独创性思维。在这个过程中，要反复思辨、判断、推理，陷入思维的矛盾中，经过复杂的思维过程最后得出正确的结论。在这样的阅读过程中，思辨性得到充分的展示，思维品质得以提升。

3.鉴赏就是一个求证命题的过程。《史记》"无韵之离骚"这方面值得鉴赏的东西很多。例如鸿门宴上刘邦成功的因素有：张良的筹划，刘邦的态度，项伯的帮忙，项羽的妇人之仁，樊哙闯帐。樊哙闯帐对项羽放过刘邦的作用不被学生看成"主流问题"，但为何司马迁要用很多笔墨来写樊哙闯帐？这个质疑的破解显然有助于提高思辨性阅读水平。

主问题：樊哙闯帐对鸿门宴上刘邦成功逃脱有什么作用？

问题1：从闯入军门能看出樊哙怎样的性格？

分析：为什么不同刘邦一起赴宴？樊哙的身份"沛公之参乘"——刘邦的司机兼警卫员，警卫员怎么能和领导一起就餐。当张良至军门告知樊哙事情紧急时，"哙即带剑拥盾入军门"，"樊哙侧其盾以撞"，而不是拔剑搏击。鸿门宴的形势是项强刘弱，拔剑搏击就是开战，赴宴是为避免开战，所以不能用剑；"侧其盾以撞"，用防卫的盾牌撞，不能致人命死，表明自己只是想进去，并不想挑衅。樊哙入帐目的明确，不节外生枝，可见其人的勇与谋。

问题2：当樊哙"立而饮""斗卮酒"后，项羽又赐之生彘肩——半生不熟的猪肘子时，他为什么"覆其盾于地，加彘肩上，拔剑切而啖之"？

分析：把盾牌放到地上，把猪肘子放到盾牌上，拔出宝剑当作餐刀，从容地"啖之"，终于有机会拔剑了。闯入军门都不曾拔剑，一进宴席更不能拔剑了。偏偏给了一个半生不熟的猪肘子，机会就来了。如此吃法，便于随时挥剑与拥盾，就餐姿势随时可以变为战斗姿势，可见樊哙目的明确，处置适宜。

问题3：怎样看待樊哙的言论？

分析：项羽有英雄相惜之感。他追问一句："壮士！能复饮乎？"樊哙的回答，前言不搭后语，但居然能够打动项羽。"臣死且不避，卮酒安足辞！"后面的大段演讲，就离谱了："夫秦有虎狼之心，杀人如不能举，刑人如恐不胜，天下皆叛之。怀王与诸将约曰：'先破秦入咸阳者王之。'今沛公先破秦入咸阳，毫毛不敢有所近，封闭宫室，还军霸上，以待大王来。故遣将守关者，备他盗出入与非常也。劳苦而功高如此，未有封侯之赏，而听细说，欲诛有功之人，此亡秦之续耳。窃为大王不取也！"这番话同项羽的问话没关系，但与刘邦此来的目的有关系。只是话题的转换太突然而显得生硬。无论谋士张良说，还是事主刘邦自己说都没有樊哙说效果好——司机兼警卫员的身份，虽然前言不搭后语，反倒让项羽觉得连一个这样的人都知道刘邦果真不敢惹自己，看来是真的等候自己进关。

问题4：樊哙这番话是不是张良教的？

分析：有这种可能。但从《高祖本纪》看，乘隙进入咸阳后，刘邦"欲止宫休舍"，"樊哙、张良谏，乃封秦重宝财物府库，还军霸上"，也就是课文开头的"沛公军霸上"，劝刘邦这件事上樊哙名列张良之前，可见有见识，此番话语未必是张良所教。

结论：樊哙闯帐对鸿门宴上刘邦成功逃脱起到了重要甚至关键作用。

对于思维而言，是诱发、启迪，不是训练。而且并非只有论辩性文本才能培育思辨性阅读水平，针对任何文本，对问题的探究与求解都可以使思辨性阅读得以实现。

整合时文、娱乐文本,思辨其价值

时文的优点是便捷、及时,阅读没有难度,作者的观点与论述可以给读者提供借鉴。有的时文观点偏激,以偏概全;有的时文语气霸道,强词夺理。这类文章最适合"挑刺儿",是磨炼自己思维的好材料。有的时文语气平和,说理娓娓道来,能牵引着你不是很到位的思维走,在阅读中理顺了思维。时文的获得靠师生共同努力,"奇文共欣赏,疑义相与析"。

这里说的娱乐文本,包括"八卦",不是"正经"文章,但是读者甚众,尤其中学生群体是重要拥趸者。此类文本阅读,许多学生不必教师引导,自行进入阅读的癫狂境界,压不住堵不住,明智的做法是疏导。

其实,娱乐、八卦也是丰富的课程资源,其中暴露出国民的价值观和处事逻辑、媒体的良心、娱乐业的恶性膨胀等等,善于引导至少可以促进思辨性阅读水平的提升。2008年于漪老师在杭州一次语文会议上的演讲给人留下深刻印象,她以80岁高龄居然研究周杰伦的《菊花台》《青花瓷》《双节棍》为什么受学生喜欢。优秀的教师,要善于抓住动态的课程资源,为教学服务。

总之,上面对思辨性阅读提出的对策主要是基于形式逻辑的分析,形式逻辑有助于思维的深刻性、灵活性、敏捷性、批判性、独创性。其实形象思维也有助于思辨性思维的提升,对语言和文学形象的直觉体验就包含了思辨性。

上好家常课的"台下十年功"与"台上一分钟"

《断魂枪》是我主张选进长春版国标教材（九年级下册）的一篇小说，教学参考书中这一课的备课资料也是我执笔的。在写这一课的教学参考之前，我手抄5000多字的《断魂枪》，在手抄稿上勾画圈点，写感想，又查阅相关文献，写成了《忍叫神枪自断魂》一文；还打磨了四课时的教学设计。这些工作准备并非为了自己上课，不过在吉林大学附中还真上了这一课，由于时间关系没有上四课时，只上了一课时，上完课又写了一篇反思的文章《从"半生"到"熟透"是一种美妙的感觉——〈断魂枪〉教后感言》。之后又在江苏省给高中学生上了一次，课堂效果也比较好，限于篇幅没在这里呈现。

忍叫神枪自断魂
——《断魂枪》谈概

1930年初，老舍结束英国伦敦大学东方学院的教职回国。本想先在北京找一个职位，未能如愿，便产生做职业写家之念。他在英国期间创作了《老张的哲学》等三部长篇小说，声名已经享誉文坛。7月，接受齐鲁大学聘书，任国学研究所文学主任兼文学院教授。此间也曾遭到非议：老舍是师范毕业，在英国也只是教外国人学中文；他写白话小说，并不研究国学。不过，在齐鲁大学期间，老舍结交了一位著名拳师，而且认真跟从学习，还购置了所谓十八般兵器，摆在家里一进门很醒目的地方，俨然一位真行家。在济南的四年，他创作出《大明湖》《猫城记》《离婚》《牛天赐传》等长篇小说，还有收在《赶集》里的十几个短篇小说，其中就有短篇武侠小说《断魂枪》。

老舍本来计划写长篇武侠小说《二拳师》，因为种种原因没有完成，只好把为长篇准备的材料，选出主旨更集中的部分，写成短篇——《断魂枪》，在1935年9月天津《大公报》副刊《文艺》第13期上发表。

《断魂枪》的主人公沙子龙曾经是一位开镖局的武师，小说一开篇他已经成为客栈的老板。他的大伙计号称沙子龙大徒弟的王三胜（沙子龙并不承认他是自己的徒弟）卖艺场上被武林高手孙老者打败，想请沙子龙出面为自己也为沙子龙挽回面子；孙老者正是为了会会沙子龙而来，他尤其想学沙子龙的"五虎断魂枪"；沙子龙任孙老者恳求较量始终不肯比武，更不肯传授"五虎断魂枪"。

可以说《断魂枪》的核心情节就是围绕着沙子龙肯否传授"五虎断魂枪"，王三胜、孙老者、沙子龙这三个人物也与"五虎断魂枪"纠葛在一起，他们的性格也通过对"五虎断魂枪"的态度展现出来，并且随着对"五虎断魂枪"的热衷程度不同而展示出对传统武艺的不同层次的情结。

同样是习武之人，王三胜是程度最浅的，他只不过通过炫耀武艺弄点散碎银两改善一下生活状况，他之于中华武术的精华尚不得窥见门径，离登堂尚远，更何谈入室。

孙老者是已经窥得武术门径并且登堂入室的高手，他与王三胜除了层次不同，还有一个本质区别，他并不通过武艺炫耀或谋财，他只是热衷、喜爱，甚至以继承为己任。不然他为何不在王三胜刚一出场就出手比试？他下场只是为了通过教训一下王三胜而得以见到沙子龙，以便切磋武艺，学习"五虎断魂枪"。见了沙子龙，他拒绝吃请，一门心思比武。沙子龙不肯比武，他就求学，让沙子龙传他"五虎断魂枪"；沙子龙不传，他就演习一下自己的武功，问沙子龙自己是否有学习的资格，这已经是屈尊为弟子了。行家伸伸手，便知有没有，沙子龙当然知道他是一位行家。

如果说王三胜之于武术，还没进来，那么孙老者是已经进来了，甚至已经登堂入室了，但是还没能出去，也不想出去。他痴迷于此，不可自拔。

这就不能不说说沙子龙对于武术的心态与状态了。

当年的"神枪沙"的"五虎断魂枪",西北无敌手,没有曾经的痴迷怎么能得到这种声威?但那是当年,好汉不提当年勇。是谁剥夺了"沙好汉"的当年勇?小说的开端在对时代背景的概括描述中,勾勒了主人公沙子龙的命运和性格变化。此时的沙子龙,虽然威名不倒,武林弟子依旧以沙子龙的徒弟自诩,到处为他吹腾,但在向沙子龙讨教招数或是给谁说个"对子"时,却屡遭冷遇,因为在沙子龙看来,"他的世界已被狂风吹了走"。

面对社会的巨大变化,沙子龙看在眼里,恼在心里,却必须生活在现实里。他也找不出是哪一位好汉夺了他的生意:镖局走镖靠的是双脚,双脚自然比不上火车;镖局走镖靠的是身上的武功,武功当然比不上快枪。沙子龙知道,世道变了,靠"五虎断魂枪"闯天下、讨生活的日子没了。但是,人还得活下去,而活下去不能再靠"五虎断魂枪",于是镖局改成了客栈,镖头变成了客栈老板。

当年的镖局,吃的是富人饭,穷人没有需要保的镖;现在的客栈,吃的是过客的饭,过客有穷有富,有过客就有饭吃。

没办法,当年的"五虎断魂枪"不能保证现在和将来的饭碗,人们对他过去荣耀的不断打扰——向他讨教——让他无奈又伤心,虽然他并没有明显地显露出伤心,顾左右而言他就已经说明。那些自诩是徒弟的一群,在他眼里就是不懂世道变迁的门外汉,从他们的斗殴逗能就可知;若是讨几个钱花,可以,多少是个意思,学武艺,免谈吧!孙老者与他们不同,他是武林中人,是高手,也是一门心思切磋武艺,认真讨教,但沙子龙仍然不出手,也不传授。孙老者未必没有勾起沙子龙当年的英雄豪气,但表面上看不出来。我们知道,夜深人静时他偶尔还演练一套"五虎断魂枪"就是证明。既不肯出手较量又不肯出手传授,就是说明沙子龙已经从传统的武术中走了出来。他曾经入乎其内,现在已超乎其外,这是无奈的超然,也是超然的无奈。

当年那样痴迷于自己独创的"五虎断魂枪",虽然没有"走火入魔",却也必定不可自拔,像现在的孙老者。孙老者还活在自己武艺的茧里不肯出来,仍然在满世界找敌手——这是沙子龙的过去,所谓西北无敌手。沙子龙知道现在不能不自拔了,就自拔了。

可是,众人等还要把他再拉回过去,毕竟世道不同了,再也回不到过去啦!众人等如何能够理解沙子龙的个中滋味?他们对于武术的有意无意的关心与痴迷,在他沙子龙的眼里,不过是在错误的时间里逞能做一件错误的事情,他是不肯再伙同大家干同样的傻事。

可以说,在"五虎断魂枪"的枪法上,是沙子龙自己让它失传的;只有他会,是他创出来的,可是他不传授,他早晚要死,枪法自然早晚要失传。

可是,是谁让沙子龙镖师"英雄无用武之地"呢?这又得像沙子龙回忆当年走镖那样回忆我们的那段历史,只是当年的沙子龙是豪迈的西北无敌手,而我们回想的却是华夏民族最屈辱的一段历史。

《断魂枪》的时代背景是晚清时期剧烈变迁的中国近代社会,"龙旗的中国也不再神秘","今天是火车,快枪,通商与恐怖。听说,有人还要杀下皇帝的头呢!"这应该是指革命党人在开始酝酿起事了。

西方文明催生了资本主义的出现及发展,列强以坚船利炮打开了中国封闭的国门。以大清帝国为代表的古老中华虽然仍然一厢情愿地以老大自居,天国上朝还是迅速沦为半封建半殖民地社会。资本主义的物质文明与思想文化,猛烈冲击着古老中国的政治经济传统文明。急剧变化的时代让国人来不及思考,古老的传统文明就开始被西方文明取代,火车"穿坟过墓破坏着风水"。也有一部分中国人还做着"东方的大梦"不醒,闭目塞听。也有一些昏沉沉"半醒的人们,揉着眼,祷告着祖先和神灵;不大会儿,失去了国土、自由和权利。门外立着不同面色的人,枪口还热着"。被压迫民族的愚昧麻木和帝国主义的凶残强大形成了尖锐的矛盾与对比。小说对这一特殊时期的概括描写,不仅揭示了当时文化冲突的背景,同时也是对传统文明的反思。"东方的大梦没法子不醒了"。

这样看来,让沙子龙的走镖成为历史的,正是这场大的社会动荡——朝廷的极度腐败和列强的伺机侵入。当朝廷都已经无计可施了,一个江湖中人又能有什么作为?你沙子龙是否要活下去,那是你自己的事,朝廷不管你。

当然,沙子龙的那杆枪和那套"五虎断魂枪"的枪法毕竟不仅仅是表面意义上的冷兵器和套路绝活儿，它们是中华传统文化的隐喻，是一种文化的象征体。它们所体现的文化是中国的传统文化，可以说中国传统文化都萃于它们身上：儒家的、道家的，民间的、正统的，经历了历史的打磨，变得精湛典雅；而正是由于经历了历史的风雨，传统文化又为历史所裹胁，变得很封闭。一位武林镖师江湖生涯的中断，暗含了一种悲怆的人生际遇，无情的时代更迭使得陷落于时间进程中的"英雄"，正经历着一种无可逃脱的悲剧性生命体验。

在传统文化正被西方物质文明替代的社会背景下，沙子龙在社会急剧变化中既认识到大势已去，对自己的生活方式有所调整，又在内心深处隐藏着无力的抗争。

在市井日常生活中中国文化命运的走向着实令人担忧。深层的文化隐喻告诉我们，古老的中国文化的确历经千年的磨砺完善，在封闭的体系中确实既系统而又精粹。恰如这"五虎断魂枪"，经过沙子龙的反复锤炼已经到了出神入化的地步。它的每一招式都蕴涵着无尽的心血和悟性。何止是这枪法，中国文化中的每一个方面，都历经了五千年的磨炼。

在情感上我们一直认为，世界上没有一种文化能像中国文化这样历尽沧桑而不中断，在这不间断的历史中，枪法成熟了，而文化更是到了熟透了的地步。自然，你可以认为唯有中国文化是最了不起的。事实上，进入现代社会，它却遭到前所未有的挑战。

沙子龙和他的"五虎断魂枪"是传统文化的承载者，传统文化在现实里的命运必然在沙子龙的命运上呈现出来。沙子龙的遭遇折射历史的震荡，文化嬗变时期作为中国文化承载者的中国人的复杂心态的表现也必然是复杂的。

这自然源自老舍的创作姿态是矛盾的。他为这样精湛的文化所折服，而同时又为这样的文化在新的历史时间段中的湮没的命运而惋叹，而痛心。但他又义无返顾地在情节的设计中，让他随历史之流而东去。

就像读者并不能完全弄懂作者赋予小说的情绪一样，老舍的内心也是说不清道不明的。农业文明和手工业文明在商业化和工业化的现代文明中的灭亡的必然命运岂是一个沙子龙和一套"五虎断魂枪"所能挽救的？你能责备沙子龙太过于消沉？再精湛的技艺和文化必然也有其历史生存的空间,哀悼一种古老而神秘的生存方式的消逝也是不得已的。

老舍对传统文化,尤其是武文化,感情是复杂的。在《断魂枪》里,他借沙子龙这个人物,把他对武文化的激赏、困惑和悲叹交融在一起,呈现出主题的深刻性以及层次的多样性。

正是:东方大梦终得醒,忍叫神枪自断魂。

《断魂枪》教学设计

【课前准备】

1.通读课文,整体把握故事情节,并写出200字左右的故事梗概。

2.这篇小说最打动你的是什么(比如:语言,人物,场景等)?你对谁的印象最深刻?

3.搜集、查阅关于老舍创作、生平的资料。

【教学目标】

1.品味小说个性化、生活化的语言,从细节描写入手勾勒人物性格,分析人物的性格及其成因。

2.体会小说交代的社会背景对情节发展的作用。

3.在理顺小说故事情节和矛盾冲突的基础上,探究人物形象、小说主题。

【教学重点】

品味小说的语言,分析人物的性格及其成因。

【教学难点】

体会小说主题的复杂性。

【课时安排】

4课时。

【教学过程】

第一课时

一、导入

老舍一生创作了大量的小说、剧本、散文、诗歌,几乎什么形式都涉及了。已经出版的《老舍文集》，总共有一千万字之多。谈现代长篇小说的生成，你不能越过他；回顾现代讽刺幽默精神，你离不开他；讲到中国话剧的民族化，自然不可绕开他；而要认认真真地总结中国现代白话的历史，想象我们每个人今天嘴里说的或笔下写的现代语言文字，更是不可忽视他的存在。

可以说，老舍的作品的确称得上是"经典"：它拥有以一当百、以一当千的无可争辩的分量；它在历史上有不可或缺的地位，无法逾越的典范性、代表性；它产生的时候是重要的，之后又拥有持久的影响力，一代一代有它的读者，甚至迷恋者；它值得人们再三回味，可以不断感受、不断验证、不断有新的发现，具有永恒的魅力。

今天，我们就来学习他的短篇小说《断魂枪》，感受其独特的魅力。

二、检查预习情况

1.检查学生课前预习情况，鼓励做得好的同学，从中提出有价值的问题，当堂解决。

2.请学生复述小说的故事梗概。

明确：主人公沙子龙曾经是一位开镖局的武师，小说一开篇他已经成为客栈的老板。他的大伙计号称"沙子龙大徒弟"的王三胜（沙子龙并不承认他是自己的徒弟）在卖艺场上被武林高手孙老者打败，想请沙子龙出面为自己也为沙子龙挽回面子；孙老者正是为了会会沙子龙而来，他尤其想学沙子龙的"五虎断魂枪"；沙子龙任孙老者恳求，始终不肯比武，更不肯传授"五虎断魂枪"。

三、学习第一部分（第1—4段），小说的开端

1.说说"沙子龙的镖局已改成客栈"一句的作用。

明确："沙子龙的镖局已改成客栈"，笼罩全部叙事。简单11个字，充满张力，交代了主人公是谁，他过去所干行当，以及时代变迁，大势不可逆，镖局吃不开了，不得不改客栈。这也是为核心情节——不传授"五虎断魂枪"张本。镖局既无用，主人的枪更成了落伍的、过气的东西，一身技艺，施不能施，传不能传。

2.《断魂枪》呈现出怎样的社会历史背景？

明确：处于中国现代社会开端的人们不得不面对的变化，以及中国人无法直面世界的尴尬。小说着力把握住生命与时代及世界和中国政治、经济变动之间的关系，把握住被动的生命和世界的联系方式。

沙子龙生活在传统中国向现代转型阶段："走镖"的他过的是前现代生活，一旦火车通商、现代工业文明逐渐渗透到中国，他就不得不服从现代工商社会的规律。历史已发生了不以人的意志为转移的重大转折，个人往往无法适应，从前现代向现代工业社会转变的过程中，中国人的生活态势完全是被动的。

老舍的20世纪30年代的小说多数写被动的人，那些对自己的被动认识得越清楚的人，其内心叙述越悲凉，沙子龙经历的外部世界的变化与被遗落的经验，终于转化成他内心的悲剧。

这样的历史背景是中学生理解的难点，因此应该适当补充相关资料。不能突破这个难点，便无从了解主人公内心的矛盾和表现出来的外在性格。

3.第4段写了哪些内容，怎么写的？

明确：介绍沙子龙的身世、职业变化、现实处境、矛盾心情，都是简略介绍。

从前身材短瘦，动作利落，身体硬棒，眼睛明亮；现在身材放了肉。

从前的职业是镖局的镖头；现在的职业是客栈老板。

从前靠"五虎断魂枪"走镖；现在只在夜间偶尔演习一下"五虎断魂枪"。

"他的世界已被狂风吹了走"，这"狂风"就是第2、3段说的社会剧变。

4.再一次朗读第一部分。

四、学习第二部分（第5、6段），小说的发展

1.朗读第5段，分析当年沙子龙手下的少年们如今的处境。

明确：他们在过去走镖的时候是沙子龙的手下，镖局解散了他们闲散在社会上无事可做，只好靠着有点武艺混碗饭吃；沙子龙的处境都大不如前，他们就可想而知了。

有时他们也"走会"，需要钱，沙子龙多少给点儿，不扫他们面子；但想讨教武艺，免谈，肯定扫他们面子。他们说自己是沙子龙的徒弟以壮自己的门面，但沙子龙不承认。

沙子龙不传他们武艺，不承认他们是自己的徒弟，这充分表现出沙子龙对武术现实处境的清醒认识；即便是传授他们武艺，也不过是卖卖艺，打架时占点便宜，"五虎断魂枪"可能以更糟糕的方式绝迹于江湖。

至于讨俩钱花不拒绝他们，则表现出沙子龙的江湖情谊与念旧心态。

2.朗读第6段，他们为何到处为沙子龙吹腾？

明确：一来使人们知道他们是名师之徒；二来万一自己栽了可以促动沙子龙出手。但归根结底还是为了他们自己"混饭吃"，其目的很是下作。这也正说明了沙子龙把他们看得清清楚楚，他们根本不是"五虎断魂枪"的传人。

第二课时

一、学习第三部分（第7—32段），小说的高潮

1.阅读第7—10段，作者是怎样描写王三胜在土地庙前卖艺的？

明确：主要是肖像描写、语言描写和动作描写。肖像描写最简练，也最传神；语言描写极富个性，能揭示人物的心理；动作描写最细致。

肖像描写："大个子，一脸横肉，努着对大黑眼珠"，透露出蛮横、粗鲁。

语言描写：先声夺人的"脚踢天下好汉，拳打五路英雄"表现出自信，其实是自以为是；本来就是卖艺的却说自己"不是卖艺的"，显示自己比卖艺的有身份。总之，他说的都是"硬话"。

动作描写：卖艺的习惯动作是作揖，他却"叉着腰念了两句"，表现出他内心深处的"艺高人胆大"；耍大刀的场面也着实验证了他的"硬话"。

这一切都表明他比其他的"徒弟"们身手好，不愧是"大伙计"，但仍然逃脱不了卖艺混饭的遭遇。

2.阅读第11—13段，怎样理解孙老者说王三胜"有功夫"？

明确：王三胜嫌观众给的钱少时说了一句"没人懂"，马上有人回答"有功夫"，这表明不是没人懂；当王三胜没弄明白（其实是没把孙老者放在眼里）而"啊"了一声的时候，孙老者这回拉长了声音说"你——有——功——夫"，表明他也是个内行，而且看出了门道儿。如果没有这拉长的声音，前面的叫好很可能是起哄。

3.阅读第14—16段（孙老者和王三胜比武之前的部分），在王三胜眼里孙老者是怎样的人？

明确：首先是貌不惊人，"小干巴个儿"，"脸上窝窝瘪瘪"，"眼陷进去很深"，"嘴上几根细黄胡"，"肩上扛着条小黄草辫子"；其次是"有功夫，脑门亮，眼睛亮"；他下场子的走路姿势验证了王三胜的判断。

这种描写是"欲擒故纵"，孙老者的言行表现出对武术的执著与专注，为下文的比武、向沙子龙讨教打下伏笔。

4.阅读第17—21段（孙老者和王三胜选兵器部分），两人选兵器有怎样的玄机？

明确：孙老者让王三胜使枪，是照顾他，因为王三胜自称是神枪沙子龙的徒弟，在孙老者看来那自然是使枪的行家；同时也看出孙老者的"艺高人胆大"，他把自己放到了"后发制人"的位置。

孙老者又询问王三胜让自己使什么兵器，暗含着"十八般兵刃"样样精通的意思；王三胜却说"三截棍进枪"，虽然语气是商量的，但骨子里是不容商量，推荐这一兵器，表明王三胜的心里已经没底儿，在精气神儿上已自馁了三分。这从他"努着眼，抖着枪，脸上十分难看"中可以看出。

5.阅读第22—23段（孙老者和王三胜比武部分），从孙老者和王三胜的比武能看出两人怎样的性格侧面？

明确：与王三胜比武，孙老者紧盯着王三胜的枪尖儿，神威内蕴，眼珠子似乎要把枪尖儿吸进去。兵刃未接，王三胜心里就先虚了。交起手来，孙老者小试手段，便将王三胜打得落花流水。但是他并不打王三胜的要害，只是打他的手，第一回合只两招，带有试探性；第二回合只一招，表明他看透了王三胜的底细。这表明孙老者不仅武艺精湛，而且颇有武德，只是点到为止。

王三胜则一心求胜，争勇斗狠，第一枪就奔孙老者的咽喉这样的关键部位，仿佛要让对手一招毙命；第二枪刺向老人的中部，因为第一枪刺的是个"点"，虽然致命却容易被防范；第二枪刺的是个相对大的"面"，成功的可能性要大。这表明王三胜就是一介武夫，武艺不精，武德全无（沙子龙不教他是对的）。

这一节是小说比武的"高潮"，真刀真枪的对阵，动作、神态描写都十分传神，看出作者颇通此道。

6.阅读第24—32段（孙老者和王三胜比武之后对话部分），从两人的对话中看出各自怎样的性格侧面以及心理活动？

明确：孙老者评价王三胜的武艺先是说"还得练"，后面气氛缓和了又说"说真的，你那两手就不坏"，但始终没说好，而且充满了前辈对晚辈的训导和肯定语气，这从王三胜的角度听，肯定有"倚老卖老"的感觉，但是的确技不如人，又无可奈何。

王三胜说"你不离，姓王的服了！可有一样，你敢会会沙老师？"以及后面的一问一答，表现出王三胜的认输，但嘴还是挺硬，很好面子；而他口口声声提沙子龙，也是为了自己的面子。

两人计较，孙老者想与沙子龙比武心切，王三胜想让沙子龙给自己报仇心切，这是情节发展的一个动力。

二、作业

1.归纳整理前三部分的描写手法。
2.比较王三胜与孙老者的性格特征。

第三课时

一、学习第四部分（第33—64段），小说的结局

1.阅读第33—39段。王三胜进屋时沙子龙在看《封神榜》，对他的求助打哈欠，揭示了他怎样的性格特征和心理状态？

明确：看《封神榜》说明他客栈生意冷清，也说明当年走镖的风光在他心里没有完全忘记；对王三胜的求助他打哈欠表明其不往心里去，而且一贯如此，这回也一样，他并不感到意外也不会为给"徒弟"挽回面子而出手。这都说明了他告别武林的决绝。

2.阅读第40—64段，孙老者和沙子龙的谈话各有什么特点？

明确：沙子龙的话十分得体、周到，在孙老者的眼里就是精明，这和他走镖时的精气神儿是一脉相承的；他只有在孙老者问起比武、讨教的事才顾左右而言他，可见他对传统武艺在社会变革期的尴尬处境十分清楚。

孙老者的话里就一个词儿：比武。但是他的这个初衷是有所变化的，

他的态度是不断妥协的。他跟着王三胜来见沙子龙的目的十分单纯——比武,开始他说"我来领教领教枪法",就是比武,客气点说成"领教",这是要交手的;沙子龙请他吃饭他拒绝,又说了一遍领教枪法。当沙子龙很真诚地说"已经放了肉"时,他觉得在人家不练了的时候跟人家比试胜之不武,有悖武德,才退而求其次,"不比武,教给我那趟五虎断魂枪"。在孙老者的眼里,我和你比武是在比试中较个高低;你不在状态了,我不跟你比试了,你直接教我吧,这可是降低了我的身段呀,你在状态也未必赢得了我,这总该可以了吧?不想沙子龙还是不教,以"早忘干净了"为借口推脱,孙老者急了,拒绝住几天、到处逛逛、走了送点盘缠的善意,强调"我来学艺",这又是在降低身段。当自己演练一套查拳让"沙老师""检阅"自己是否有当学生的资格后,沙子龙还是不教。孙老者的"不传?"沙子龙的"不传!"之后,孙老者决绝地说了最后一句话:"打搅了,再会!"这是绝望的告别,和他一心想学的"五虎断魂枪"告别。

二、学习第五部分(第65—66段),小说的尾声

1.王三胜他们不再为沙子龙吹腾,反而为孙老者吹腾,这反映了王三胜他们怎样的心理?

明确:表明这些人根本就没有进入武学的殿堂,只知道借着沙子龙的名号给自己撑门面、壮胆子,无怪乎沙子龙根本不承认他们是自己的徒弟;一旦沙子龙不能给他们提供这样的庇护,自然也就不为他吹腾了。面子上吹腾别人,骨子里却是为了自己。而孙老者上门挑战,沙子龙竟然不肯出手——分明是不敢出手,甚至不如他王三胜,败了不假,毕竟交过手——虽败犹荣,比你不敢出手强多了,所以孙老者自然就是他们吹腾的对象。

当沙子龙看穿了武功无用,并且无所作为,他就渐渐地不得人心了。自从王三胜吃败仗而沙子龙不肯为他出头,"沙老师"的形象就一落千丈:"沙子龙栽了跟头,不敢和个老头儿动手……连句硬话也没敢说。'神枪沙子龙'慢慢似乎被人们忘了。"沙子龙孤独地将自我封闭起来,他早就对时代迷茫、对自身的武艺绝望,王三胜们对自己的吹腾根本入不得他的眼。

2.课文最后一段中有这样一句话:"叹一口气,用手指慢慢摸着凉滑的枪身,又微微一笑,'不传!不传!'"对此你有何评价?

明确：这是一个细节，沙子龙坚决不教慕名前来学艺的孙老者"五虎断魂枪"，但在夜深人静时，他却"关好了小门，一气把六十四枪刺下来；而后，拄着枪，望着天上的群星，想起当年在野店荒林的威风……"

老舍感兴趣的不是那种走镖的事业，而是老镖师英雄末路时的心境。这种悲凉心境，并不限于老镖师，它可以适用于一切末路英雄，只不过有各自不同的表现形式罢了。老镖头已经不再是当年的保镖侠客，而变成了一位生不逢时的、洗手不干的、充满悲凉的、英雄末路的普通老者，他的保镖生涯早已结束了。他的冒牌弟子王三胜等想学他的"五虎断魂枪"，想让他重振雄风，重出江湖，然而他不干；孙老者登门学艺，想学他的"五虎断魂枪"，他更是断然拒绝。

沙子龙对断魂枪的不传在实质上也指向了对生命尊严的坚守。这种坚守的胜利也就成为个体柔弱的生命对冷酷无情的社会历史进程的胜利。老舍珍视的其实就是沙子龙面对命运挑战的无畏姿态。一声长叹固然是对社会历史进程的无奈，而一个"笑"字又表明了沙子龙那种带着超然的坚守姿态。这样，我们就会发现作品在主题上是以"断魂枪"来写"断魂人"，关注的是沙子龙在复杂变动时代的心理走向以及命运姿态，并由此传达了老舍对那些"老中国的儿女们"生存状态的关注以及企图发掘一种理想生命状态的努力。

谈到他的不传枪法，论者多有贬抑，说他自私保守，抱残守缺。你让他传给谁？传给王三胜，任他至尊至爱的国术绝技，沦为王三胜之流唬人混世的玩意儿？传给孙老者又如何？这个不识时务的倔老头儿便是得了这枪法，哪里又经得起洋枪一个弹丸儿？所以沙子龙说："那条枪和那套枪都跟我入棺材，一齐入棺材！"时运不济奈若何！

但是，老舍对沙子龙，却是极为同情，尊崇赞赏有加。比之王三胜、孙老者，谁都看得出，作者的至爱在沙子龙。老舍同情沙子龙的生不逢时，满腔热情地将他写成了一个时代的悲剧英雄角色。他尊崇他的恪守气节，不与污浊同流；赞赏他的静待时机和不屈的抗争精神。

沙子龙所谓"不传"并无特指的传授对象，而是深谙现代化自然地让武术的实际用途被弃绝，这是他心中文化的绝灭。枪就是他的老伙计、知心朋友，甚至是终身伴侣："那条枪和那套枪都跟我入棺材，一齐入棺材！"遗民的决绝与凄凉溢于言表。沙子龙深夜自省，他在新时代已经成了一个多余的角色。

三、作业

1. 有人说这是一篇武侠小说，你认为呢？
2. 如果你是沙子龙，你传不传"五虎断魂枪"？

第四课时

一、另类武侠欣赏

对于本课是不是武侠小说，是有争论的，有人说它是另类武侠。小说人物结构简单，但构思巧妙，人物勾连得十分传神。作者通过人物之间的关系完成并突出了其写作目的，显示出老舍先生的艺术功力。

1. 结构欣赏。

《断魂枪》的结构不靠事件支撑，全然"息事宁人"，根本不让冲突激化，可见老舍要表现的是沙子龙内心的"遗民"世界。

他一心不给人们热闹看，越是核心人物越没有武斗的"戏"。

《断魂枪》是一篇"不够格"的武侠小说：那里有一个庸人客栈老板，一点也看不出他的"奇"；那儿只有打拳卖艺，一点小小的摩擦，总体上波澜不惊，叙述上把"事"的因素放在了很次要的地位，将空间留给了"人心"；那儿只有土地庙前的空场和孤零零的小院，"荒林野店"的威风存在于遥远的记忆中。老舍故意出格，他是写一篇反武侠、反英雄的小说。

2. 情节欣赏。

老舍知道情节在武侠小说中的重要性，也让读者看武打。单是王三胜就使了三种器械：钢鞭、大刀和枪——钢鞭定场，大刀表演，枪是用来交手的。孙老者被王三胜限定使用三截棍，见了沙子龙，他又打了一套查拳。十八般兵器和徒手套路都选择了一些，让读者大开眼界。王三胜的套路风格是刚猛，孙老者则快捷、飘洒。读者无疑要抱怨看武打不过瘾，只有区区两回合！而且，重中之重的"五虎断魂枪"没有上演，王三胜饶是会得多，使枪大概只懂一些皮毛。

《断魂枪》的情节动力在于"学艺"。孙老者珍视的"艺"就是那套"五虎断魂枪",而王三胜只会点皮毛,因此也带来沙子龙与那套枪法的神秘性。如何使沙子龙表演这套枪法?请将不如激将,迫使他动手最好。这样,孙老者与王三胜比武就成为导火线,点燃起武林中人的好胜之心,最好安排沙子龙靠"五虎断魂枪"胜了孙老者,无论是小说情境中人还是读者都大饱眼福。前面孙、王比武的一段武打作为沙、孙较技的武打的铺垫,而后一段自然要比前面打得持久而精彩纷呈。

老舍虽未放弃情节,但在叙述了孙、王比武和孙老者的单边演艺之后,就把读者闪在了情节欣赏的半道上。他处置《断魂枪》的情节美学是反高潮化,走向淡化情节、无情节。孙、王比武之后不再满足武打升级的阅读预期,更无孙、沙比试启用"五虎断魂枪"的武打,沙子龙连做一次教学演示也断然拒绝。沙子龙反思自己从走镖到开客栈的生活历程,明白自己是在工业化社会中大大地"栽了跟头",这决定了他的虚无主义的生活态度,彻底放弃,再也不提自己的武林绝技"五虎断魂枪"。所以,他决心不与任何人交手,孙老者只能失望而归了。于是人们的阅读期待全部落空。

3.人物描写欣赏。

《断魂枪》擅长于对人物性格与动作的描写,却不依赖它们。老舍能写活人的外形、语言、动作,更能看到人的心底。王三胜虚张声势唬人,却是外强中干;孙老者欲扬故抑,众人恭维也罢,取笑也罢,他自信。王三胜仗着跟沙子龙走过几趟镖,在土地庙前的场子上大话欺人,众人眼中的他是"大个子,一脸横肉,努着对大黑眼珠,看着四围"。王三胜操演大刀一段,动作连贯,一气呵成,对武术表演套路的描写鲜有过此文者,这与后来孙老者演示查拳构成绝妙的"合掌"。因为没有收到几个钱,他报复性地鄙夷观众:"没人懂!"这句话极其自然地把懂行的人召唤出来,实现了场面的转换。孙老者与他恰成对照:"小干巴个儿,披着件粗蓝布大衫,脸上窝窝瘪瘪,眼陷进去很深,嘴上几根细黄胡,肩上扛着条小黄草辫子。"他肯定三胜:"有功夫!"王三胜心浮气躁地叫他:"下来玩玩,大叔!"带有挑衅的意味,但又不失体面。

老舍真正懂武术,叙述动作没有花架子,并不故弄玄虚,那是真的过招，简洁而得要领，孙、王两个回合的比武就让后者服输。王三胜先发制人，"三截棍进枪吧？"孙老者的动作谦恭而有序，"点点头，拾起家伙来"，似乎漫不经心。三截棍用铁环连着，器械的三截与招数的使用交代得一清二楚。孙老者见对方使枪奔上路而来，"身子忽然活展了，将身微偏"，不慌不忙，"前把一挂"打来者枪身，后把并不奔对方要害，只是顺枪杆打王三胜的手，"啪，啪"两响，王三胜的枪离了手。这一回合先将来者的枪招架开，然后再攻击对方。第二回合对方奔中路来，老者屈身闪避，并不招架，只有一响"啪"，"枪又落在地上"。此一回合已然了解对手，成竹在胸，直接打落对手的器械。对场外的叫好、喝彩声没有反应，孙老者不想邀宠，而是为了找一个见沙子龙的进阶。于是，交手改成了斗口："你敢会会沙老师？"孙老者直爽："就是为会他才来的！"

孙老者与沙子龙二人的会面因前文的比武而充满悬念，到了客栈，王三胜的期待和担忧也是读者的心情。他报以"栽了跟头"，使的不是那条十八斤重的钢鞭或大刀，而是"枪，打掉了两次"。沙子龙"打了个不甚长的哈欠"，"不甚长"可看出他在敷衍。他用哈欠掩饰对这种"栽跟头"的无动于衷乃至有点不屑的反应。因为王三胜有形的跟头远不如沙子龙无形的跟头栽得重，后者的跟头那是一蹶不振，完全放弃。沙子龙的对手不是孙老者，那是一个无名的对手，无处不在地具有压迫力，他说不明白的快枪就是现代化的工业社会。

小说在塑造人物方面选取了一个独特的视角，尽量避开对沙子龙的正面描写，而围绕着对沙子龙的刻画，主要采取侧面烘托的手法。作者酿造了一出比武"戏"。小说把笔墨集中在一个次要人物王三胜身上，以不明处境的王三胜对沙子龙由充满希望到极度失望的描写，写出了沙子龙对处境的了然。又以孙老者的孜孜以求、睡在传统武艺的梦里，而反衬沙子龙的已从梦中半醒的状态。以"不写之写"，写出了人物的内心世界，从而完成了对人物的塑造。

作者对人物肖像的描写也颇具特色：写王三胜"大个子，一脸横肉，努着对大黑眼珠，看着四围"，刻画出王三胜的粗鲁豪放但又外露浅薄。写孙老者"小干巴个儿，披着件粗蓝布大衫，脸上窝窝瘪瘪，眼陷进去很深，嘴上几根细黄胡,肩上扎着条小黄草辫子,有筷子那么细,而绝对不像筷子那么直顺。王三胜可是看出这老家伙有功夫,脑门亮,眼睛亮——眼眶虽深,眼珠可黑得像两口小井,深深的闪着黑光",读者由此会感觉到这是一位性格内向又身怀绝技,且很有点来头的人。

作者还大量地使用了白描的笔法。如写镖局改了客栈之后,沙子龙居住环境的冷落:"他自己在后小院占着三间北房,大枪立在墙角,院子里有几只楼鸽。只是在夜间,他把小院的门关好,熟习熟习他的'五虎断魂枪'。"还有对人物心情的描写:"现在,这条枪与这套枪不会再替他增光显胜了;只是摸摸这凉、滑、硬而发颤的杆子,使他心中少难过一些而已。"文字质朴洗练,不加粉饰渲染,平实写来,有着流水般的节奏与韵律。

二、主旨探究

1.从老舍塑造"遗民"主人公的用意上探究。

老舍的这篇小说旨在揭示新旧文化交替之际传统文化何去何从的问题,是一篇艺术构思讲精度,思想挖掘有深度,语言运用很纯熟的小说。它蕴含的社会历史文化意义,非常耐人寻味,是中学生难以理解的。可以具体从把握主人公英雄末路的孤寂情感以及由此反映出的时代锐变,理解本文的深刻主题。

2.从作品描写的社会历史背景方面去探究。

沙子龙生活在清末,有独门功夫"五虎断魂枪",在江湖上走过镖,现在改行开客栈。这个短篇小说包容着对过去时代遗留下来的一切生命的象征与隐喻功能,也与当时文坛上的通俗小说的创作展开了对话。《断魂枪》写的是"遗民"生命与另类武侠。

三、人物对比

《断魂枪》写了三个人——王三胜、孙老者和沙子龙——不同的武术表现,其实这也就是绝不相同的三种武术境界。

王三胜靠着两只牛眼,一身横肉,几把死力气,只能以力胜人,唬唬外行,全无内功,更无内在的精神涵养。

孙老者有绝佳内功,脑门亮,眼眶深,眸子黑得像两口深井,深深地闪着黑光。与王三胜比武,紧盯着王的枪尖儿,神威内蕴,眼珠子似乎要把枪尖儿吸进去。兵刃未接，王三胜心里就先虚了。交起手来，孙老者小试手段，便将王三胜打得落花流水。

但比起沙子龙来，孙老者只能是望尘莫及。

其实，小说并无一处实写沙子龙展露武功。只是开头写了他创出"神枪沙子龙"五个字，在西北走镖，二十年没遇着对手；结尾处写了一句"沙子龙关好了小门，一气把六十四枪刺下来"。也就是说，作者对沙子龙的武术功夫，几乎全是虚写。而这正是作者的高明之处。所谓"真人不露相"，所谓"大音希声，大象无形"；中国道术（包括武术），达到至高绝佳的境界，是只可意会，无法言传的。

沙子龙的武艺确实是达到了至高绝佳之境界的。

小说表现沙子龙、王三胜和孙老者三人：沙子龙摒弃"快意恩仇"的武侠行径；孙老者行动不悖武德，多些闲云野鹤的姿态，勉强可以归类为侠之隐者；王三胜习武而少武德、无侠骨，只是一介莽夫。

主人公沙子龙着墨似浅却深，在近现代全球化背景下，对阐释中国历史文化别具作用。写沙子龙的情节弱化，既与小说中写其他人的突出情节、动作构成鲜明对比，又和传统习见、20世纪二三十年代流行的武侠小说截然有别。

"走镖已没有饭吃"，沙子龙顺时应世把镖局改成了客栈，但枪却是不能再传了。因为那杆枪和他出生入死，既记录着沙子龙的全部辉煌，又承载着他的全部价值，已经和他的生命融为一体。同时，断魂枪虽说是落后于时代了，它也有它的精魂。这使它脱离一般的民族工艺而成为"五虎断魂枪"，成为一种英雄精神的象征。威震西北的镖师和他的"五虎断魂枪"已经如滔滔江水随着那个古老的时代一去不复返。在这个无须再传也无人可传的时代，再传枪，无疑是对那杆枪、那英雄精神的糟践。从这一点看，沙子龙无疑是清醒、理智的。正是考虑到所有这些因素，开客栈的沙子龙才拒绝了孙老者，并且对王三胜等人的流言蜚语置若罔闻。沙子龙这种看似保守实是清醒的倔强又依稀让人看到了中华民族传统的宁为玉碎、不为瓦全的牺牲精神的崇高和悲壮。

沙子龙是有信仰、有崇尚的。武术是他的武艺，而武术内在的人文精神更是他的灵魂信仰、精神支柱。时运不济时,他怎忍任它沦为街头杂耍,他怎能丧失气节,与污浊同流!

　　细察沙子龙其人,白昼黑夜,判若两人。白日里其所作所为如道隐之士,随缘任运,和光同尘,自然无为,与世无争。夜深人静的时候,则关起门来,回想当年纵横天下的威风,演练他的"五虎断魂枪"。这分明是个铁骨铮铮的武士,有一种不屈抗争的儒家精神。这种儒道互补的精神境界,恰是武术至高境界:至坚至刚,却以至柔至润之性相出之;至真至实,却以至虚至幻之性相显之;似虚还实,无处不是刀光剑影;似幻还真,寒光闪处物无一存;静而圣,无物能伤其皮毛;动而王,攻敌而无往不胜。

　　附:板书设计

断魂枪

老　舍

一、情节的开端　　　　　{交代沙子龙身份的变化
沙子龙的镖局已变成客栈　 介绍沙子龙身份变化的社会背景
　　　　　　　　　　　　 简略交代子龙及"五虎断魂枪"

二、情节的发展　　　　　　{靠沙子龙的武艺混碗饭吃
"徒弟"们仍活在镖局的回忆中 靠吹腾沙子龙的武艺抬高身价

三、情节的高潮　　　　　　{王三胜表演武艺——自信　　肖像、动作、
大伙计王三胜与孙老者比武　 王三胜败给孙老者——报仇　场面描写

四、情节的结局　　　　　　{孙老者要同沙子龙比武不成　　语言、动作
孙老者向沙子龙讨教未成　　 孙老者向沙子龙讨教武艺也不成 描写

五、情节的尾声　　　　　　{"徒弟"们不敢再靠武艺混碗饭吃
沙子龙淡出"徒弟"们的视线　 沙子龙对待武艺的无奈

从"半生"到"熟透"是一种美妙的感觉
——《断魂枪》教后感言

  1985年大学毕业，在东北师范大学附属中学任教初始，我就表现出与同龄教师不同的做法，也曾招致非议，例如我不肯写只用来应付检查的教案（其实我备课比别人用功）；别人备课先看教学参考书，而我先抄写课文，然后在抄写的课文上写评点。别人上公开课把所有的课堂用语都详细写下来，背下来，在课堂上非常完美地"背诵"准备好的教案，此举受到校领导的表扬，以为是备课认真；我则认为这是最笨的办法，只有缺少灵性的人才会这样做。我不喜欢上重复课，就是公开课也不愿意试讲。我喜欢在课堂上创设探索未知空间的氛围。当然，那时不知道什么叫预设与生成，后来知道了，我不喜欢过分地预设，喜欢尽可能生成。

  2000年，一位学生在教师节的贺卡中给我写的感言大意是这样的：您总能在语文课堂上引领我们跨越不同的地形地貌，去饱览美好的景致；即便一些在我们看来不算风景的地方，经您一点，仿佛眼前一下子变幻出美丽的风景；有时甚至让我们在很自得的风景中发现，那原本算不上什么风景，于是感到痛苦。您引领我们在思维的领域去探险，让我们永远也不知道前面将发生什么，但肯定是更美妙的风景……

  写这段话的学生当时正值高一，对新教师的一种盲目崇拜也是有的，但也正因为初识，第一印象往往有着模糊的准确性。我对此一度颇感欣慰与自豪，引为知我者。

  着意思维上的突破，喜欢出人意料的思维过程与结果，这是我语文教学长期而稳定的追求之一。上大学时，对讲既定的结论、论证结论正确性的课，我不爱听，经常逃课。当我做了中学老师，我不想让我的课也是证明既定的结论，于是我不愿意如我的同龄人那样把课"背"得十分精熟，也不事先划定十分确切的环节。我对课堂教学的准备往往是"半生"的，我总喜欢留下一部分师生在课堂上共同去"啃""生龙肩"。

  2004年做了教研员，也常常用这样的标准要求青年教师，尤其是我工作室的学员；我偶尔"玩票儿"到学校上课也是如此。下面出示2015年1月8日应邀在吉林大学附中执教《断魂枪》的课堂实录（节选），自我剖析一下从"半生"到"熟透"的过程是怎样的美妙。

师：今天和同学们一起，共同学习一篇小说《断魂枪》。同学们刚刚考完试，尽管如此也都完成了预习作业。请几位同学上来把读《断魂枪》最感困惑的问题写到黑板上。

（学生在黑板上写，最后归纳成三个问题：1.第2段交代事件的背景有什么作用？2.为什么沙子龙不传"五虎断魂枪"？3.为什么文题不叫"五虎断魂枪"？）

师：大家关注的核心问题是"为什么不传'五虎断魂枪'"，这就成了这堂课的主要任务。预习时让同学概括小说的基本情节，你能说一下吗？

生：沙子龙不传"五虎断魂枪"。

师：围绕着沙子龙不传"五虎断魂枪"展开了一系列故事，故事要靠什么支撑呢？

生：人物。

师：在本课当中哪个人物最鲜明呢？

生：沙子龙。

生：我认为沙子龙的大徒弟王三胜的性格也比较鲜明，通过预习我知道他与孙老者斗武之前，会带着手下一帮小徒弟去吹捧沙子龙的武艺，但是到后来沙子龙拒绝同孙老者比武，王三胜这个所谓的大徒弟……

师：这位同学，你就把你最喜欢的有关王三胜那一段读给大家听听。

生：文章的第6段……（读略）他这么做，是为了衬托出自己名师出高徒……

师：沙子龙认不认这个徒弟啊？

生：不认。我感觉另一句话更能表现出这个观点，是在第65页下面一点的位置——"沙子龙不把你打扁了！王三胜心里说。"还有这段的末尾，这个地方是对王三胜的心理描写，从这个心理描写就可以看他对沙子龙的武艺很自信，即使自己落败了，他依然相信沙子龙是可以打败孙老者的。

（师随机板书：王三胜。）

生：我觉得王三胜出去卖艺实属不易，时局变动，他总要混口饭吃，只能说是沙子龙的徒弟，因为沙子龙名气很大，借着沙子龙就可以对外吹嘘自己武艺高强。（师随机板书：武艺。）

师：同学们提到王三胜的时候无一例外地都提到他的武艺，不管他是不是沙子龙的徒弟他都有两手。"王三胜——沙子龙的大伙计……没向四围作揖。"卖艺是必须作揖的，讨生活嘛。"叉着腰念了两句：'脚踢天下好汉，拳打五路英雄！'"这是他的开场白，卖艺的有这么干的吗？再看，"向四围扫了一眼：乡亲们，王三胜不是卖艺的"。其实就是卖艺的。"玩意儿会几套……诸位，有愿下来的没有？"气势很大。再看，"他看着，准知道没人敢下来，他的话硬，可是那条钢鞭更硬，十八斤重"。你能说人没有武艺吗？再往下看，"王三胜，大个子……他低声的说，可是大家全听见了"。老舍先生的语言非常地道，他把王三胜的两下子都写出来了，人家不仅会鞭，还会刀呢，大刀耍了一圈，这刀耍得真有力气，但这都是在那儿单人表演，真武艺要过招啊，过招之后怎么样了？

生：输了。

师：那个孙老头，我就觉得要比王三胜可爱得多，因为他的武学功底更加深厚。第一把，两招把枪打掉了，第二把，一招把枪打掉了，这里面非常富有层次感。老师试着去剖析王三胜，同学们再去分析孙老者，好不好？然后通过这两个人的对比来看一看老舍想要表达的意思。王三胜和孙老者相比，武艺不强、不精、不专，对吧？长相非常有意思，大个儿、大眼儿。武艺上的确懂一些皮毛，层次是非常浅的，他的武德如何呢？（师随机板书：武德。）

生：不高。

师：孙老者有什么特点？

生：这段语言描写就能从侧面衬托出孙老者的武艺高强。第65页倒数第3段——"神枪沙子龙的徒弟，你说？好，让你使枪吧；我呢？"他知道对方是有名的神枪沙子龙的徒弟，他还有勇气让对方使自己的老本行——枪，还让对方给自己选兵器，说明他对自己使什么兵器不在意，觉得自己使什么都行。他还有信心能战胜沙子龙所谓的徒弟王三胜,而且他看过王三胜的武艺了,王三胜武艺虽说不精,但有几分气势,他有信心去挑战王三胜证明他比王三胜高出不少。

师:非常好!是不是艺高人胆大?

生:第68页第3段,是对孙老者的直接动作描写,是他自己给沙子龙的表演——"一屈腰已到了院中……好似满院乱飞的燕子忽然归了巢。"这段动作描写可以和之前王三胜在集市上卖艺的动作描写形成对比,这两段对比可以看出孙老者的武艺是比较精湛的,还有后面沙子龙对其两个"好"的赞赏,而之前孙老者只是对王三胜说有功夫。沙子龙是武学十分精湛的人,既然沙子龙能对其说出两个"好"的赞赏,可以从侧面说明孙老者打的拳比较好,功夫比较精湛。

生:老师我觉得王三胜武德不好,他处处下手非常狠。孙老者的武德比王三胜好,点到为止。

师:非常精彩。两个人一比,武德高低就出来了。但是,同学们发没发现,我们都上了老舍先生的当,他根本就不写沙子龙有什么武艺,结果大家都认为他高,他高在哪儿?

生:我认为他高在深藏不露,文章中有两次描写沙子龙舞枪的地方,第一处在文章的第4段——"只是在夜间,他把小院的门关好,熟悉熟悉他的'五虎断魂枪'。"第二处在文章的最后一段——"夜静人稀,沙子龙关好了小门,一气把六十四枪刺下来。"他没有在众人面前表现他的武艺高强,而是在夜深人静的时候熟悉他的"五虎断魂枪",他高在他的藏拙。

师:他为什么要藏拙呢?

生:第63页,"二十年的工夫,在西北一带,给他创出来'神枪沙子龙'五个字,从没遇见过敌手"。从这个称号可以看出他的高,没有遇到敌手,说明他武艺高强。

师:这个地方是不是就涉及文章构思的巧妙?他并不直接正面去写沙子龙,他只是用直接概括的方式,来交代他有多么厉害。老师最喜欢的地方在这儿——"谁不晓得沙子龙是短瘦……他的世界已被狂风吹了走。"是不是充满了悲情?

生：我认为沙子龙的艺也很高，但他更高的是德。

师：实际上沙子龙的武德，在这个地方没有特别明显地描写。

生：但可以看出他不传，他明白了现在火枪的时代已经到来，他的时代已经过去了，他传授给别人已经没有什么意义了。

师：这个地方你引申一下，如果传授给王三胜将是什么样的后果呢？

生：王三胜根本就没有领会到武术的精髓，他只不过想用它来挣钱；孙老者到处比武有点心浮气躁，我觉得他武德也没有高到一定境界。

生：我认为他不是不传，而是自古以来拥有高强武艺的人必须有相配的武德，他不传的原因是他现在还没有找到有很好武德的人。

师：难道孙老者的武德还不好吗？

生：我认为不传孙老者，是因为他认为这个时代，枪法已经没用处了，而孙老者他还固执地认为学到枪法以后……

师：你稍停，我打断一下，这个时候我觉得你破解了一个核心的问题，就是大家对传统武艺的认可度和认识程度的问题。这个地方我一直在想用什么词儿啊，我一直没想好。你刚才一下子给了我一个启示，我觉得就用"武道"来表达，你看看可不可以？王三胜的武道？

生：他根本就是门外汉，他根本就没有进来呢。

（师随机板书：武道、未进。）

师：那么孙老者进没进来呢？

生：肯定是进来了，内涵也很高，但固执。

师：可以说是固执、死板、盲目，都有道理，就差那么一丁点儿。

生：我就先说第2段的第一句话——"东方的大梦没法子不醒了。"但是孙老者固执地认为仍然可以凭着一身武艺打天下。

师：也就是说，他真进来了，但是什么？你请站起来大声地说。

生：出不去了！

师：王三胜根本就没进来；孙老者真进来了，但真出不去。（随机板书：进而不出。）

师：和孙老者相比沙子龙最大的特点是，进得也深，出得也绝，或者说是快、决绝。他认清了。传给王三胜不过是多个打把势卖艺的；传给孙老者，也是带到棺材里，他痴迷武学，根本不知武学于这个时代有什么具体的作用，深陷而不可自拔。这样的人不值得传授，传了等于复制个沙子龙第二。

师：沙子龙对于自己的枪法不能再传下去怀着什么样的情感？

生：其实，沙子龙的内心并不平静，半夜起来自己练枪，白天根本就不提这事儿，这里面就有他对现实清醒认识的一种纠葛、一种悲情、一种无奈。

生：沙子龙有武艺传不出去。

师：不是传不出去，是不传出去。

从以上课堂实录（节选）中可以看到这节"玩票儿"课从"半生"到"熟透"的过程（随机板书如下所示）。看来从教学设计到教学实施之间有一条很长的路要走。不能机械照搬教学参考书上的方案，一定要根据具体学情重新规划教学设计，以便在实施中得以落实或突破。虽然设计了四课时，但是在上课时只有一节，要把长文长教转化为长文短教，不能否认设计上要取巧，但是取巧的前提是扎实的功底与丰富的积淀。

		王三胜	孙老者	沙子龙
半生	武艺	粗	精	精（虚写）
	武德	差	高	高（虚写）
熟透	武道	未进门	进而不出	进而已出

虽然我是高中教研员，但我向来认为语文教学是没法分段的，不存在所谓初中、高中的差别，因此初中课我也愿意尝试着上。我是长春版教材的编委，又是教参的主编，这篇小说当年又是在我的强烈建议下编入长春版国标语文教材的（九年级下）。但迫于中考压力学校基本上不教，我也是为了显示这是一篇值得学习的课文，才做如此选择的。学生于1月7日期末考试结束，我1月8日上这节课。学生几乎没有时间预习。我上午在吉大附中连上三节课——初一的《定风波》、初二的《记承天寺夜游》、初三的《断魂枪》，我也没有充分的时间"背"课，所以仍然用我最常态的风格留

下一半在课堂上与学生共同"啃""生嚼肩"。这课的教参也是我编写的，一般来说应付一节课，我的储备是够用的，但是我虽然对王三胜、孙老者、沙子龙三人的武艺、武德都有清醒的认识，这一点教学过程中与学生的交流可以证明，但未能更精准地把握沙子龙与另两个人物的根本区别。当学生说"我认为不传孙老者，是因为他认为这个时代，枪法已经没用处了，而孙老者他还固执地认为学到枪法以后……"，我突然被学生点醒，原来沙子龙的高在于他的"武道"，然后引导学生说出孙老者"出不去了"，而沙子龙是进来了又出去了，从而完成了"熟透"。

新的课程标准提到语文学科四个核心素养之一是"思维发展与提升"，在语文教学中应培养学生的学科逻辑，而语文学科大量的课程资源都是可资利用的思维发展与提升的物质材料，我所崇尚的从"半生"到"熟透"的语文教学追求，应该是符合新课程要求的吧。

这种从"半生"到"熟透"的美妙的感觉，就是面对课堂教学突发性事件采取突变性措施取得了突破性结果的愉悦，就是我常引为自豪的课堂教学灵感的闪现。它的确不可预约，来无影去无踪，却总引诱你去追求它，而追求它的成本，无法精准计算，要靠灵机与善缘，即便如此，也未必能追求到它。正因追求它的过程充满了不确定性，才令我痴迷。

"九字诀"：古代诗歌教学一种有效的操作范式

  部编初中语文教材六册共选81首古代诗歌，从呈现方式看，一是课文（9课，36首），二是非课文——课外古诗词诵读（45首）；较人教版的76首数量有所增加。部编本从人教版中删减22篇，新选入27篇，增与删都是为配合单元主题与单元教学目标所做的调整。例如，七年级下册第五单元主题为"哲理启发"，单元目标为"学习托物言志的手法"，"体会如何运用生动形象的语言写景状物，寄寓自己的情思，抒发对社会人生的感悟"，"古代诗歌五首"（《登幽州台歌》《望岳》《登飞来峰》《游山西村》《己亥杂诗》）都是富于理趣的作品；八年级上册第三单元的"《诗经》二首"（《关雎》《蒹葭》），"课外古诗词诵读"中的"《诗经》二首"（《式微》《子衿》），也是为巩固与拓展课文，落实单元教学目标。古代诗歌中，唐诗29首（24首格律诗），宋诗7首（格律诗），明诗1首（格律诗），清诗2首（格律诗），格律诗共34首；宋词15首，清词2首，共17首；元曲4首。以上数据告诉我们，部编教材古代诗歌教学当以唐诗、宋词、元曲为重点，唐诗、宋词、元曲中格律诗是重点。需要教的仅有9课36首，不需要教的课外古诗词诵读45首，这就要求在9课教学中授之以渔，使学生能在课内得法，课外受益。

  部编教材小学、初中古诗文各120篇，找到一种有效的操作范式是当务之急。古代诗歌尤其是唐诗、宋词、元曲，教学有其独特的规律性，"懂事儿、知趣儿、品味儿"九字诀就是比较稳定有效的操作范式。

"九字诀"是原生态教学观指导下建构的操作范式

2002年12月东北师大附中"荣誉教师"示范课，我在高三年级上了一节唐诗绝句鉴赏课，着眼于用规律化、非术语的熟语激发起学生对唐诗阅读的兴趣，概括出古典诗歌阅读的"九字诀"——"懂事儿、知趣儿、品味儿"，若将儿化音去掉就是所谓"六字诀"。"懂事"关注核心内容，"知趣"关注章法、技巧，"品味"关注风格流派。在此后的实践中，我由语文教师成为吉林省语文教研员，这种操作范式从一所学校走向全省，得到有效验证，因此对部编本古代诗歌教学应该同样有效。

原生态教学观是"张玉新导师工作室"团队基于教学风格归纳与概括出的个体性实践知识，其主要内涵是语文学习的返璞归真。主要体现在以下六个方面：

一是教学要立足于方便学生学习，而不是方便教师教学。

二是教学艺术摒弃雕饰与浮躁，讲求朴实、扎实、真实。

三是课堂回归到学生真实的生活世界，尊重自然本性，以学生现实水平为基础，使其在教师的指导下得到普遍的提高。

四是课堂氛围是学生在场、真实参与的，没有虚饰的，富有诗意、灵性、激情、浪漫、朦胧、神秘、美感的，自然真实的课堂教学状态。

五是学习方式是学生在自主、自由的学习中体会到学习的快乐，激发学习的热情、内在的潜能，能主动地探究、发展，并形成良好的学习习惯。

六是课堂教学魅力是学生在语文学习过程中经常产生高峰体验，使人有豁然开朗、幸福快乐、欣喜若狂的体验，常处于自我实现的状态。

原生态教学模式是在原生态教学观指导下建立起来的较为稳定的教学活动结构框架和活动程序。主要包括阅读、作文教学两个方面三个基本操作范式，"九字诀"是其中之一。

"九字诀"的质性评价系统

依据原生态教学观以及原生态教学模式，针对矫正偏态教学行为，制定独特的课堂教学评价标准。

教师教学：立足于方便学生学习；目标定位准确；重视学生先拥知识；主问题突出；朗读、板书技能；创设情境；教学机智；教学魅力；作业有效。

学生学习：学习习惯；学习方法；参与程度；高峰体验；自我实现的状态；发展状态。

课堂氛围：学习热情饱满；呈现真实学习；充满诗意、灵性、激情、浪漫、朦胧、神秘、美感。

对教师的评价包括三个维度、九个点：

第一个维度，看其专业发展处在模仿、独立还是独创阶段；第二个维度，看其教学境界追求的是"技""术"还是"道"；第三个维度，看其教学目标关注效果、效率还是效益。

"九字诀"操作范式的常式与变式

任何一种操作范式都有稳定的结构与操作程序，也都有其相应的变化程序；固执于某种操作程序必然走向僵化，灵活机动地调整操作程序才能取得更好的教学效益。

"懂事儿"的常式与变式

"懂事儿"系指读懂作品的内容、主题与情感。叙事诗有情节自不待言，就是写景诗、抒情诗也有某种"情节"的碎片。抓住内容核心、弄懂诗人情感倾向就是我们所说的"懂事儿"。无论小学、初中还是高中教材中的诗歌都包含"情节"碎片，弄清楚这些也就是"懂事儿"，即所谓"常式"；针对不同年段的学生的诗歌教学，"懂事儿"的程度是有差异的，即所谓"变式"。

1. "懂事儿"是小学诗歌教学的重要任务。小学生积累不多，理解能力不强，但记忆力极好，对他们来说读懂一首诗的内容是非常重要的，要在熟读成诵的基础上形成积累，这些积累是将来感悟的重要物质基础。

2. "懂事儿"是初中诗歌教学的次要任务。初中生已经有了一定积累，理解能力有了增强，但记忆力不如小学时期，"懂事儿"在教学中所占比重应该比小学减少，因为初中生理解能力提高了，积累的量有了增多，对诗歌内容的理解一般比较好，不必再当作教学重点；但还有很多初中教师仍把理解作品内容当作教学的全部或大部分任务，这是不正确的。

3. "懂事儿"仅是高中诗歌教学中一笔带过的一个环节。高中生的认知水平比较高，理解能力强，一般对课文内容的理解不会存在什么问题，"懂事儿"只是一个基本环节，通过这个环节走向"知趣儿"尤其是"品味儿"。但也不尽然，像《逍遥游》《兰亭集序》等文字虽不艰深却很有难度，不了解庄子的哲学观点，不清楚王羲之对生死的态度，就没有办法读懂内容，因此"懂事儿"仍然是教学的重要任务；而《滕王阁序》《过秦论》等文字不艰深，理解内容也没有难度，就不必在"懂事儿"上过多纠结。

从小学到初中再到高中，"懂事儿"的重要性呈递减趋势。

"知趣儿"的常式与变式

"知趣儿"关注章法、技巧，在某种意义上说，语文教的是形式，不是内容。古代诗歌往往篇幅短，格律诗、词、曲有固定的字数，章法有严格的规定，平仄押韵都有标准，这些都是语文教学应该关注的，这就是"知趣儿"的"常式"；而针对不同年段的学生的教学，"知趣儿"的程度是有差异的，这就是所谓"变式"。

1. "知趣儿"在小学高年级可以略有涉猎。要视积累、理解与鉴赏能力的具体情况而定，不可无视其生活经历空洞讲解，不可把讲解搞成学生不能理解只好死记硬背。

2. "知趣儿"在初中阶段是重要任务。学习一首格律诗，要知道其章法结构，知道其炼字的精妙，知道其用典的妥帖，知道其平仄韵律等等；但这些都是在比较充分地"懂事儿"的前提下进行的,很多教师在古代诗歌课堂忽视学生对文本"懂事儿"层面的实际,直接进入所谓"知趣儿"环节,条分缕析、头头是道,教学效果却不理想。可见,虽然"知趣儿"是初中阶段的重要任务,也不能蛮干、硬干,要充分尊重学生的生活积累与学科积累,可以从生活经验或先拥知识中找到连接点、触发点使学生对诗歌趣味有独特的感知。

3."知趣儿"在高中是比较重要的任务。在初中语文学习的基础上初步形成"知趣儿"能力的前提下,高中阶段要进行更加深入的鉴赏与评价,学会读,学会借鉴读中得来的方法表达,在比较中获得独特认识。目前高考古诗歌阅读的命题点主要集中在"知趣儿"上。

从小学到初中再到高中,"知趣"的重要性呈递增趋势。

"知趣儿"关注对诗歌章法、技巧的分析、鉴赏,格律诗的规律性强,因此从其特有规律入手归纳其特点,便于掌握类型化的知识,便于用类型化的知识阅读陌生的诗歌作品。

下面以王禹偁的《村行》(七律)为例,进行结构上的整、散剖析。

1.马穿山径菊初黄,　　散句
2.信马悠悠野兴长。　　散句
3.万壑有声含晚籁,　　整句
4.数峰无语立斜阳。　　整句
5.棠梨叶落胭脂色,　　整句
6.荞麦开花白雪香。　　整句
7.何事吟余忽惆怅,　　散句
8.村桥原树似吾乡。　　散句

这首七律八个整、散句组合成七言绝句的四种体式:

体式一 { 1. 散句 / 2. 散句 / 3. 整句 / 4. 整句 }　　体式二 { 3. 整句 / 4. 整句 / 5. 整句 / 6. 整句 }　　体式三 { 5. 整句 / 6. 整句 / 7. 散句 / 8. 散句 }　　体式四 { 1. 散句 / 2. 散句 / 7. 散句 / 8. 散句 }

体式一
晓出净慈寺送林子方
杨万里

起	毕竟西湖六月中，
承	风光不与四时同。
合	接天莲叶无穷碧，
合	映日荷花别样红。

体式二
绝　句
杜　甫

两个黄鹂鸣翠柳，
一行白鹭上青天。
窗含西岭千秋雪，
门泊东吴万里船。

体式三
江南逢李龟年
杜　甫

起	岐王宅里寻常见，
起	崔九堂前几度闻。
转	正是江南好风景，
合	落花时节又逢君。

体式四
春夜洛城闻笛
李　白

起	谁家玉笛暗飞声，
承	散入春风满洛城。
转	此夜曲中闻折柳，
合	何人不起故园情。

　　李白《春夜洛城闻笛》的首句扣题目"闻笛"；第二句承接，前两句非对仗句，有"起"和"承"的关系；第三句是"转"，当年高考题即就转句设问，因为转句直接引出了对主旨的表达，这是升华部分，是一个非常关键的连接部，它把写景和抒情集中地连接到一起；第四句是"合"。本诗在结构上是非常典型的起承转合。这是七言绝句的常式结构。

　　高考考过的诗歌中，《望洞庭》（刘禹锡）、《题君山》（雍陶）、《菊花》（元稹）都是这种"散、散、散、散"体式。

　　我曾经在学生对七绝的结构体式、内在结构有了初步了解之后，又引导学生对《从军行（其二）》（王昌龄）、《巴陵夜别王八员外》（贾至）、《汴河曲》(李益)、《蜂》(罗隐)、《淮上与友人别》(郑谷)进行验证性剖析,学以致用。虽然学生此前读过很多古诗,但对绝句没有结构体式上的了解;因为有古诗阅读基础,我所总结的规律性的知识马上被学生吸纳,所以能在公开课现场用刚学到的知识解决问题。语文学科的很多知识不能直接转化为能力,因此不要用演绎的方式先入为主地把知识灌输给学生,让学生去记忆;而是尽量根据学生的相关积累、生活常识归纳出他们具备的感性认识,然后用它去解决问题。

"品味儿"的常式与变式

"品味儿"关注风格流派,没有一定作品积累以及"知趣儿"的储备,"品味儿"就没有办法落到实处。

1.小学教学基本不涉及"品味儿",它比"知趣儿"更复杂,小学生的积累现状与审美鉴赏水平不足以对作品风格等做出评价,但可以将非常著名的诗人或流派比如李杜、韩柳、苏辛、婉约豪放等作为常识有所提及,不可死记硬背。

2.初中高年级教学应有所涉及"品味儿",仅限于粗线条的比较。比如通常说的豪放派代表苏轼与婉约派代表李清照,对比其作品的内容、情感、语言风格等;还可以对苏轼与辛弃疾进行比较,同为豪放派,其风格也存在差别,苏轼虽然仕途不得意,但不像辛弃疾那样经历外族侵略与国破,个人秉性、遭遇与历史环境是形成各自风格的重要因素;同样是婉约派,温庭筠以男人角度写女人与李清照女人写女人在风格取向上存在很大差异。一位诗人,在不同时期作品风格也有不同。

3."品味儿"应该是高中教学关注的重点。就当前高考而言,所设题目涉及"知趣儿",很少涉及"品味儿",因为试题不太可能对作品风格进行对比。但是"品味儿"对提高学生审美能力十分重要。以宋词为例,必修课《念奴娇》(赤壁怀古),"懂事儿"一笔带过——"赤壁怀古";"知趣儿"则要用心体会苏轼如何在赤壁之地想赤壁之事以及由赤壁引发的情思;"品味儿"则要勾连初中学过的《江城子》(密州出猎)、《水调歌头》(明月几时有),体会诗人豪放的风格,学生水平若比较高,则可以进一步与学过的婉约词人进行比较，例如李煜、温庭筠、晏殊、李清照等。选修课周邦彦的《苏幕遮》，此前已经学过近20首词，这一课又在教材中比较靠后的位置，带有总结性，"懂事儿""知趣儿"都不是重点，"品味儿"才是重点，盘点学过的近20首词，从婉约词派入手，比较周邦彦词的独特性。

当前古代诗歌教学效率低的主要原因是不得其法，不同年段的教学目标定位失准，教学过程诸要素逻辑性不强，而根本是语文教师对古代诗歌的研读没要抓到津要，"懂事儿、知趣儿、品味儿"九字诀既可以帮助语文教师研读古代诗歌，也有助于教会学生阅读古代诗歌。

第四辑

可以这样构建魅力课堂

CHAPTER 1
怎样上出魅力家常课

本辑要点

- 找到支点：怎一个"清"字了得
- 生活场景的再现与模拟：重构是文本解读的津要
- 跨界的融会贯通
- 动态生成的作文评改

关于语文家常课，我非常在意美感与效率。语文课若没有美感，如同吃饭没有菜，饭再好也难以下咽；同样，语文课若没有效率，如同天天做饭却总也做不好一顿像样的饭。

语文教学的美感，从文本解读的角度来说，我的研究心得就是简约、易操作，具体说来，《找到支点：怎一个"清"字了得——〈小石潭记〉课堂实录（节选）》较好地彰显了我的主张。

语文教学的美感还表现为贴近生活地解读文本，引导学生以生活经历与文本内容对接，避免术语化、理论化的套路。我并不反对术语、理论，但不能用大学中文系教授的教学方法教中学生，最根本的理由就是中学语文教学的主要任务不是培养大学中文系的预备生。《生活场景的再现与模拟：重构是文本解读的津要——〈李清照词二首〉课堂实录（节选）》呈现的就是这个主张。

作文教学是语文教学的重要组成部分，但作文教学在语文教学中是缺失的，甚至可以说真实的作文教学并不存在，作文教学的效率更是无从谈起。通常中学生写的所谓作文不外乎考试试卷中的应试题目而已。《跨界的融会贯通——〈议论文作文评改〉课堂实录（节选）》试图从其他学科的相关知识入手来解决作文教学的效率问题。关注作文评改的课堂动态生成，是我作文教学的重要理念，《动态生成的作文评改：——〈如何写得新颖〉课堂实录（节选）》呈现的就是这个主张。

作为吉林省教研员，我上课还要解决一个问题，就是引导教师通过评价我的课获得经验或教训。

找到支点：怎一个"清"字了得
——《小石潭记》课堂实录（节选）

授课班级：吉林大学附属中学初一31、32班
上课地点：吉林大学附属中学第二阶梯教室
上课时间：2012年12月19日
教材版本：长春版国标教材七年级上册

"授课以相观摩"是"张玉新导师工作室"的五个基本原则之一。听了工作室学员的课，我也上一节课。《小石潭记》是这册教材的最后一篇课文，我上课之前工作室学员李崇崑已经与学生解决了字词层面的问题，我这节课属于总结课。

自己从来不写教案，却不是不备课，我备课下的功夫可能比很多语文老师多。长春版国标教材教学参考书我是主编，《小石潭记》的教参就是我写的。我还为王邦阁、王江春两位老师的《小石潭记》教学设计写过评点。对教材的整体把握与深度挖掘，简洁的构思和独特的设计，时刻提醒自己要不断积累深厚的教学功底，这些都是我"台下十年功"的一鳞一爪。

所谓"家常课"，我每堂课都是与学生的临场生成，貌似随意，就像是在和学生"闲聊"，不刻意雕琢教学环节，摈弃雕饰与浮躁，营造清爽的教学空气。这需要胆量，更需要实力。此课也打算和学生一起把文章从头到尾"品"一遍，从遣词造句到情感挖掘，就是聊家常，师一句，生一句，其乐融融，以随意所至、随性所谈的方式，力争让学生可以轻松自由且有

序地表达观点，潜移默化地成长。

我主张立足于方便学生学习的教学，而不是方便教师教学的学习。课堂上，老师引领学生展开一场探寻，学生在学习过程中产生高峰体验，明白阅读时应该抓住文眼，文章便能豁然开朗。这是一种幸福快乐、欣喜若狂、心醉神迷的感受。

课堂实录（节选）

师：刚才同学们和李崇崑老师一起学习《散步》的时候我就坐在后面，我的精神、感情一直在和同学们一起散步。我们这堂课跨越的历史太长，刚刚学习了一篇现代散文，接下来我和同学们则要共同重温一下柳宗元的《小石潭记》。同学们之前和李老师共同把课文的基本内容都已经学会了，基本上背了下来。你们认为这篇课文值不值得学习？

（同学低声讨论。）

师：值得？真的假的？（笑对一名同学）正好麦克在你那里，请你说，真值得吗？

生：真值得。因为这个是古代人写的。

师：古代人写的很多呀。那位男同学——

生：景色写得有一定内涵在里面。

师：文笔好可以证明吗？你们好像都知道历史常识吧，（笑对一名同学）那位胖小伙儿——

生：这是一篇山水游记。被贬官之后作八篇，对我们的文学有一定见解。

师：对我们的文学有一定见解，这话没有说清楚。请坐。但是你提到了《永州八记》，很好。

生：我也觉得是值得的。柳宗元被贬永州，作山水游记，其中有作者复杂的感受。

师：同学们看他没有浅层次地说字面的意思，他联系到了作者当时的政治处境。请坐。非常好。

生：这篇文章中提到的景物很多。我把它翻译出来，很适合运用到我们写景的作文中。所以我感觉这篇文章很值得我们学习。

师：她认为这篇课文可以作为我们写景物的范文，有指导写作的价值。你的这个说法和刚才那几个同学相比呢？刚才的那几位同学更多的是从内容上、主题上谈对我们的启示。而这位同学说这篇文章从写作技巧上对我们也有指导价值。刚才我问的都是31班的，还是32班的？

生：32班。

师：那么31班的同学有没有可以补充的，和他们不一样的呢？

（有同学举手。）

生：我觉得这篇文章用了很多的比喻句，而且用这么短的一首小诗——

师：是小诗吗？

生：小短文，就把小石潭描绘得特别的生动。

师：你是从写作技巧，尤其是从修辞手法的运用上，从描写的手法上觉得值得一学。这和刚才那个班的女同学说的写作手法是类似的。看来我们两个班的同学之前和李老师学习的过程中，都已经浅层次地理解了文本的基本内容，已经意识到内容和写作两个方面对我们的指导意义。现在，张老师请几位同学到前面来，给大家一个挑战。32班的同学在这边，31班的班同学在这边。你们把身体背过来，面向黑板。同学们看他们写。互相之间不要参考。你们认为这篇文章最能概括它的特点的一个字是什么？这个字是课文当中出现过的。听清楚了吗？现在开始写。我们一边看着他们写，一边默默地读课文，不出声，默默地读课文就行。你们也想，一会儿他们写完之后，我们要评价哪个好，哪个不好，哪个最准确，好不好？

生：好。

师：同学们现在开始读课文。

（黑板前的同学没立刻写出来。）

师：给他们一点启发，我们就读出声吧。"从小丘西……"，一二——

（生齐读。）

师：好，几位同学请转过身来，没写完的，就此停止。谢谢大家。读一遍了，有没有人到前面来，写和他们不一样的？老师不用点了，还是一边上四个啊。自己主动地到黑板前来写。

（同学们到黑板前写。）

师：同学们看，给他们评判啊。

（同学写完回到座位上。）

师：好，写了这么多，我们看一看，到底哪一个字最能代表这篇文章的特色。老师把这篇文章的题目写在黑板上，既然同学们提到了我们可以把这篇文章当成一个写作的范例，我也想和同学们共同探究一下，它给我们写作上的指导意义到底是什么。大家看看，题目叫什么？

生：小石潭记。

（师板书：小石潭记。）

师：现在出声地读。看一看，这个"小"，原文当中什么地方出现过？你就读那个句子就行。不用齐读。七嘴八舌读就可以。

（生自由读课文。）

师：不用举手。是不是第一段话当中就有啊？刚才那位男同学提到了《永州八记》。《永州八记》当中每一篇记都写当地的一道风景。你们可能多少知道一点。在这篇文章之前就是《小丘记》，所以他说"从小丘西行"。那个丘是一个小丘。永州地方不大，有潭，却是一个小潭。后边还有《小石城山记》。都很小。是不是看到一个小了？这个"小"似一个连环画，八幅画当中的每一幅都很小。但是"从小丘西行"中的"小"还不是"小石潭"的"小"，"小石潭"的"小"体现在哪句话中呢？

生："下见小潭"。

（师圈画板书中的"小"。）

师：对。"下见小潭"。既出现了小，又出现了什么呢？

生：潭。

（师圈画板书中的"潭"。）

师：那么"石"在哪里出现的呢？还是齐读。"全石以为底，为坻，为屿，为嵁，为岩……"坻、屿、嵁、岩，这些字是不是都和石头有关啊？"全石以为底"，是写什么？

生：石。

（师圈画板书中的"石"。）

师：同学们再看，在哪个位置出现了"记"呢？

生："乃记之而去。"

师：（圈画板书中的"记"）"小石潭记"这几个字，作者在行文当中，都有具体的字眼去落实它，对吧？我们常说，文要对题。写得不好，我们常说，文不对题。你看这是不是文对题啊？所以张老师想和同学们达成的第一个共识就是，我们将来写文章，不管你是描景的，还是写事的，都要怎么样啊？文要对题。不要文不对题。大家再看，"小石潭记"这几个字当中，从行文内容上看，大家觉得哪一个字是他要写的重点啊？

（生议论。）

生：小。

生：我认为是潭。

师：还有谁认为是潭啊？是潭的请都举手。就不用一个个说了。同不同意？（同学大都举手）

师：我也举手。我也认为这篇《小石潭记》的核心内容是要写潭。那为什么还要写石呢？石是潭的什么呢？可以说是质地。那为什么还要写小呢？前面已经说了，因为真不大。但是在永州那个地方，在柳宗元的眼中它是独特的。而它是石潭，与一般的潭不一样。它和我们的净月潭不一样，它和日月潭也不一样，它有它的特点。那么潭的特点是什么啊？

生：潭就是水。

师：那么我们的自来水也叫作潭吗？显然不能。这个水什么特点呢？

生：清。

师：对，那潭是什么特点？是不是水汇集到一起的那样一个所在啊？是水的聚合。看看字典是怎么说的。

生：字典上说是深水池、深水坑。

生：我认为潭水是清澈的，潭就是中等深度的。

生：大概就是一般的水深，看起来——

师：你这个呢，就属于望文生义。你是把文章对潭水描写的清澈和你认为的潭联系到一起了。请坐。这位女同学是按照字典的概念说的。总之，它是一个水聚集的地方，既然是水聚集的地方，就必然和水有关。（师圈画学生板书中的"翠"字）既然《小石潭记》中柳宗元要写潭，就必然要写水。水的特点就是潭的主体特点。（师在"翠"字上打了一个叉）我们来评判一下，这几位同学所写的。大家想一想，"翠"是什么呢？是颜色。是什么颜色呢？树的颜色或者周围植被的颜色。描写的是不是水呢？不是。可不可以把它否定了呢？

生：可以。

师："乐"呢，是一种心态、心情。就潭本身而言，它不是潭的主体。当然潭太美了，可以让我乐，但不是最核心的内容。所以也可以把它先划掉啊。看看有没有类似的。咱们再看看"寒"，显然是从气候的角度来说的，对吧？写"寒"的同学是谁啊？请你来解释一下。

生：我认为，潭一到晚上的时候一定会很冷。

师：一到晚上就冷啊。

生：白天很清凉。

师：所以就"寒"？单纯从温度这个角度来写，好像也不是柳宗元要表达的一个核心。你先请坐。我把你的这个也先划掉。再看，好几个同学都写了"幽"。"幽"好不好呢？"幽"写环境的一种氛围。"幽"对潭而言也不是主体部分。还有好几个"凄"，以及"寂"，是不是更多地要表达作者内心的某种感受啊？也不是"潭"的主体。

哪位同学写的"记"呢？（笑对一名同学）你来说一下，你为什么写"记"呢？

生：我认为这篇文章就是一篇记。

师：就是一篇记，所以无论写什么，都是在记？

生：对。

师：你强调的是它的文体特点。请坐。文体特点是需要同学们记住的。记是中国古代独有的一种文体。它有时写景抒情，有时还说明议论。文体很活，很不确定。你看整篇文章，就是在写景。记这个事儿，游览的这个事儿。作为记，作为文体，它有掌握和积累的价值，但是它不是这篇文章内容的特点，或者说潭的特点。还有个"闻"。写"闻"的同学，他说的是

"听",并不是说用鼻子去闻。"闻"在文言文当中它是听觉,而不是嗅觉。这个词在我们现代社会中,还有遗存,新闻并不是说用鼻子去闻的,是要耳朵去听的。"闻"看来不是潭的特点。

生:同意。

师:还剩下一个"清"。请写"清"的三位同学起立。

(三位同学起立。)

师:你们为何选择"清"呢?女同学先说。

生:文中说"以其境过清,不可久居",这是对《小石潭记》的周围环境的描述,所以我觉得"清"比较适合。

师:"以其境过清"。你请坐。(面向另一个同学)好,你来说一下。

生:我觉得,小潭嘛,第一眼看到的,一定不是旁边的景物,而是这里面的水。这里面能代表水的是"清"。

师:你能不能也像那位同学一样——

生:"水尤清洌。"

(师板书:水尤清洌 以其境过清。)

师:请坐。这位男同学,请你来说——

生:老师,我选的也是"以其境过清"那句话。

师:你更看重的是后者。有没有和他们说的不同的?(一些同学把手放下了)张老师的一句话压掉这么多双手。(笑对一名同学)你来说——

生:我是从侧面看出来的。文中说"日光下澈,影布石上",如果这个水潭不清的话,那么鱼的影子也不会映到石底。

师:非常好!从侧面描写看到的。(笑对一名同学)你来说——

生:我补充一下。我也是从侧面描写看到的——"皆若空游无所依"。

师:好!写的是鱼。鱼在水里面游,而那水就像不存在一样,该有多清啊。侧面描写非常好。请坐!大家不只是浅层次地理解了表面的内容,其实已经达到很深层次了。为了落实"潭"的特点,我们从头到尾地把文章的脉络捋一下子。张老师读。"从小丘西行百二十步",不远吧?用我们现在的公尺来说的话,不到一百米,不算远吧。"隔篁竹",就"闻水声"。听到了水声之后,他打了个比方。那位女同学说了,用了很多比喻。那水声像——

生：玉鸣。

师：古人身上要戴许多玉的珮饰，那个玉呀，一碰撞就会发出清脆悦耳的声音。

生：噼里啪啦的。

师：比"噼里啪啦"要好听很多。"噼里啪啦"只是个响声。他听到了"如鸣珮环"的水声，引起了心里的快乐。张老师教学生们一招，就是你在解读文本的时候，时刻要问一个为什么。那么"心乐之"为什么呢？"如鸣珮环"，谁不愿意听好听的呢？"伐竹取道"，砍掉竹子，这说明什么呢？

生：我认为这个小石潭已经很久没有人来过了。

师：因为没有路。柳宗元走过之后就有路了，因为他"伐竹取道"了。还有什么可解释的？后面的男同学。

生：我认为应该是柳宗元听到水的响声之后，很高兴，然后急于去那个小石潭。

师：你是从作者当时的心情着眼的，而这名同学是从环境比较偏僻、人少这个角度着眼的。你们从两个角度来分析这句话的。都非常有道理。还有吗？

生："伐竹取道"还能表示作者的迫不及待的心情。

师：也是心情。然后就看到了小潭了吧？"下见小潭，水尤清冽。"什么叫清冽呢？清澈，清凉。总之，非常透亮。大家看"水尤清冽"是不是看到小潭的第一印象啊？下面是不是具体展开写怎么个清冽法啊？向下看，接着写它另一个特点了。"全石以为底"，小石潭的底都是石头的。"全"怎么理解呢？

生：整个。

师：是整个。"卷石底以出"中这个"卷"，同学们注意。有的版本注成"全"，张老师不同意，我觉得还是"卷"——翻卷。古代的书卷成圆筒形，这就叫卷。由此引申出"读万卷书"的"卷"，是一个名物性的词，就不是动词了。小石潭的底不是直角上来的，是弯曲着上来的。岸边的石头有高出来的，有平的，有突兀的。总之，有不同的形状。但是都是石头的。

接着看"青树翠蔓，蒙络摇缀，参差披拂"，这写的是什么？潭周边的植被。植被有什么特点呢？

生：青翠、翠绿。

师：青翠、翠绿说明什么呢？环境没有遭到人类的破坏。植被茂密就会保护水土，是小石潭水清的客观因素。好几位同学说喜欢他的侧面描写。这就是在侧面描写。下面更侧面地写了"潭中鱼可百许头"，百许头说明什么啊？

生：多。

师：只是说明数量吗？这位小伙子你来说。

生：我认为是能数得清鱼有多少条，这样就可以看出水有多清澈。

师：对。你和柳宗元想的一样。有一句熟语说，"水至清则无鱼"。那是在人多的地方。还有个词叫作"浑水摸鱼"。水太清鱼没法生存，因为人就把它吃了。还可以看出什么呢？

生："潭中鱼可百许头"也可以看出人很久没有来这了，要不这么清澈早就让人给吃了，捕杀殆尽了。

师：看来古人和今人都这个毛病，看到什么就想吃什么。请坐。"日光下澈，影布石上"，这是为什么呢？这位同学你来说——

生：因为水清。

师：因为太阳照射，水底也是透亮的，鱼的影子就被投到了潭壁上了。所以，这个"清"全是那一缕阳光惹的祸，不仅能看到鱼，还能看到鱼的影子。柳宗元多了不得啊，他就要写潭水，拐弯抹角地写，不直接地写。是不是像个画家？张老师最喜欢那句"皆若空游无所依"。你说，一个画家要是画鱼的话，画鱼好画，画水怎么画呢？就画水中的东西，根本就不用画水。多么绝妙啊！柳宗元是不是也像一个画家？非常绝妙的一笔。同学们再看，鱼是什么样的？

生："怡然不动"。

师：呆呆的，也没人钓过我，我也不怕你。没人投过饵，我吃的都是纯绿色的。没准儿掉个草籽儿之类的。所以它长得肯定不大。再看，仅仅都是"怡然不动"吗？有的时候还怎么样啊？

生:"俶尔远逝,往来翕忽。"

师:这都是写什么啊?

生:鱼的举动。

师:写鱼的状态是时动时静,并且飘忽不定。忽然跑走了,忽然呆呆的不动,很可爱!同学们再看,"似与游者相乐",这句话很有意思,谁乐啊?

生:鱼乐。

师:鱼在乐吗?鱼会乐吗?这句话应该怎么解释比较好呢?到底是鱼乐还人乐呀?你没举手,我让你回答。

生:我认为是鱼乐。

师:何以见得?

生:似与游者相乐。

师:注意,这里面"似"是什么意思?

生:相似。

师:相似?这篇课文中有这么几个词,"如""若""似"意思相同,都是"好像"。这一好像就不是鱼乐了。但是,人为什么就觉得鱼乐呢?

生:我觉得缘于鱼的动作。时而游到那头,再游到这头。感觉鱼很欢乐。

师:这边哪位同学说一下?这位同学你说一下。

生:我觉得它们都很欢乐。我觉得它们在一起玩。

师:作者也下到池子里去用身体和鱼一起玩吗?作者也是和鱼一起玩,但是用什么呢?

生:心。心情。

师:好!鱼之乐,是作者的乐赋予了鱼。古人写文章经常有这种做法。因为他心情高兴,所以他看到什么都是高兴的。作者无非都是在说"水尤清冽"。

下面我们不看水怎么清了,换一个角度:"潭西南而望,斗折蛇行,明灭可见。"刚才同学们齐读时,我没大听清楚。这个"见"其实是"现"。它们是古今字。"明灭"就是或明或灭。那个"灭"就是暗,若隐若现。所以说"明灭可见"。这就理解了潭周边的特点。

那么，岸边的特点是什么呢？

生："犬牙差互"。

师："犬牙差互"这个成语就是从这出来的，犬牙交错的意思。差就是参差，互就是交互、交叉。这个段落写小石潭西南边的环境，环境的特点是或明或暗，当然是被树遮蔽了。

游览之后，坐在潭上闲着没事就看看周边的环境，就想看它的源头。因为他在写别的文章的时候，在写另一个潭的时候，他就先写它的源头，没有对潭水进行细致的描写。而这篇呢，就细致地写潭水，没写源头。因为真是找不到。你看他怎么说呢？"坐潭上，四面竹树环合，寂寥无人，凄神寒骨，悄怆幽邃。"发没发现，用了那么多表达心理状态的词。看看都有什么呢？

生：有"寂寥""凄神寒骨"。

师："凄神寒骨"，使心神感到凄凉，使骨头感到寒冷。所以有的同学写"寒"写"凄"，可能就是从这来的。这些同学也抓住了心境的变化。还有"悄怆幽邃"。这里更多的是环境给心理造成的某种氛围、情绪的变化。同学们看一看，"以其境过清"中的"清"和前面的"清冽"的"清"有什么不同呢？

生：前面的"清"是描写水的清。

师：老师打断你一下，描写水的清的时候，给作者带来什么心境变化？

生：感觉水清，环境就清。

师：就是"乐"。前半截回答很圆满，后半截呢？

生："过清"就是环境给作者以凄凉感。

师：非常好。找到"清"是非常准确的，甚至可以说"清"字就是文章的文眼。诗有诗眼，词有词眼，文有文眼。

对这两个"清"我们可以稍作一个剖析。把顺序理一下：先听到的是"如鸣珮环"，这是从听觉写小石潭的水声。紧接着描写小石潭是"全石以为底"，质地就表现出来了。"水尤清冽"是见到的，这是一个视觉的形象。（随机板书：见潭。）这种手法叫移步换景，我走到哪、看到哪就写到哪。行踪不同景物就不同。同学们可以写在书上。（随机板书：移步换景法。）

这就是小潭的第一个部分。

大家看看是从哪个角度欣赏的呢？鱼怎么样啊？鱼的状态，鱼的动态，作者用了一个拟人的手法，把鱼的动作写活了。欣赏这个小石潭的水，水是多么多么清，这个地方就是许多同学说的侧面描写。

紧接着作者就要探求潭的源头了，水源是从高处流到低处的小溪。小溪弯弯曲曲的，被树遮挡着。有时看到有时看不到。小溪的主体是"明灭可见"，岸势怎么样啊？"犬牙差互"。这个部分都用比喻。是不是都写潭啊？见潭赏潭，然后寻找潭的源头。这个潭"水尤清冽"，心情——乐。然后就是"以其境过清"——"凄寒""悄怆"。这都是写心情的。"水尤清冽"写的是客观环境给作者带来的一种心境的快乐，写到"其境过清"的时候呢，情感变得怎么样了？

生：悲、忧……

师：有的同学说"悲"，有的同学说"忧"。"悲"好像是太重了，"忧"比较恰当吧。我课前跟同学们交流的时候，有的同学说，不知道背景，所以不清楚写景物有没有更深的含义。

张老师在这里稍做一下解释。柳宗元，刚才那位男同学说了，当时他被贬官了。因为他参加了一次变革运动，变革失败他被贬到永州做司马。永州当时是很荒凉的地方。他心情很不好，他就把自己的时间用在游山玩水上，于是就写了刚才那位男同学说的《永州八记》。这是其中的第四篇。他用这样的方法排遣心中的忧烦、忧愁。

但是你看到他忧了吗？他表达了对自己遭遇的不满了吗？没有。高手不那么写文章。反正这么好的景致，这么清幽，这么清冽，但是不能久居。"其境过清"，给他一种凄凉的感觉。大家想想当时作者的人世遭遇啊。但是作者没有说！我们这么说，是因为我们了解他的这段经历。我们没有办法恢复作者柳宗元当时最本真的想法，只能借助文本相关的信息，尽可能地、趋于合理地还原作者的可能的心态。

给同学们再讲一个柳宗元的小故事。唐宋八大家之一的韩愈写的《柳子厚墓志铭》中说，当时被同时贬官的几个司马当中，有刘禹锡。同学们熟悉他，刚刚学过《陋室铭》。当时，刘禹锡的老母亲80多岁了。刘禹锡被流放到了播州，就是现在的遵义。

（一位同学举手。）

师：播州你也知道吗？

生：知道这个故事。

师：你来讲。

生：刘禹锡也是被贬到了偏僻的地方。后来上表他母亲身体不好，要求到他母亲那里，或者离近一点的地方。皇上出于好心，虽然很烦他，只能把他贬到离母亲较近的地方。

师：这个同学知道，但不是很确切。时间的关系，我简单地说。这表现了一个人的性格。柳宗元说了，不能让一个年龄那么大的母亲和她儿子一起走那么远。就向皇上请示，我们俩换地方，我地方比较近，我去那个远的地方。皇帝没有答应。但是也因此把刘禹锡贬到了连州。连州就是现在广东省的连县，比遵义那个地方要近一些。这件事韩愈写在他的墓志铭中。这个人是不是有很仗义的那一面呢？

今天通过学习《小石潭记》，看到一个放情山水、对山水有所悟又有所忧的著名作家的一篇著名作品，又多多少少地了解一点他的为人处世、朋友之道。这就是今天要和同学们分享的。而我尤其想和同学们说的，就是"小石潭记"这几个字在文本的内容当中，严格地对应着这个顺序去写。这是给同学们写作上的最好的提醒。就是一定要"文，则对题"。坚决杜绝"文不对题"。同学有时候写文章，写完了内容，也没有题目，随便编个题目，那不好。最好，你拟出文章题目的时候，你的文章脉络结构就出来了。

这是第一点：文对题。第二点：内容重点要突出。我要重点写潭水，那么我写潭水的时候就突出它的"清"。它清到什么程度？"水尤清冽"。环境清到什么程度？"其境过清"。然后完成了环境和心境之间的巧妙的转换。我被贬到这，游山玩水，我有很多想法。我感到了环境凄清之后，觉得不可久居，我就走了。至于我是什么想法，让你们后人猜去吧。我柳宗元不说贬谪的悲凉，点到为止。

若想了解更多，好，你课后尽量地读柳宗元在永州写的"八记"，不用都看，但至少要看那么一两篇，了解柳宗元在这个时期的散文尤其是"记"的基本特点。

这堂课我和你们在一起感到非常幸福。同学们也没有感觉到太累啊！尤其都已经过了点儿了，大家还是这么精神饱满。有机会我还想和同学们交流。

生：好！

师：同学们再见！

生：老师再见！

教后反思

李崇崑这两个班的学生非常可爱，本来在一个班上课，可是两个班都要求参加，就上了一节合班课。

貌似"聊天"甚至"闲聊"，但不能把"嗑儿"唠散了，"散"中求"整"，形散神整，是我追求的教学风格。

所谓"散"，学生的言论空间是开放的，如上课初的一个问题：你们认为这篇课文值不值得学？这一问，不仅试探了学生掌握的深浅，还培养了学生"不唯文本、不唯老师"，注重个性体验的意识。这个问题答案不唯一，各抒己见，却在潜移默化中，引导着学生，启发着学生。

杨晓丹在听课之后写下这样的评价：没有刻板的说教，只是在交流与探讨中找寻文章的精髓，清雅的教学风格与清静的文章意境交融，让这样的课堂更像一次阅读的休闲时间。师生拥有平和的心态，让语文与心灵有着密切的接触与融合，这样的时光多么惬意！

所谓"整"，确定了"清"这个核心，突出这个核心，一节课就不会太差。任课教师李崇崑认为：请学生到黑板上写下最能概括《小石潭记》特点的字这一环节，给学生提供一个清晰明确而简单的范例，便于学生借鉴和积累。后来在学习《邹忌讽齐王纳谏》一文时，学生按照老师给予的思路方法解读了文本，作文上切题意识果然也得到提升。

评课沙龙：怎一个"清"字了得

主持人：李崇崑（吉林大学附属中学）

参与人：汪朝曙（孝感市肖港中学），黄河（吉林市第一中学），杨晓丹（吉化第九中学校），曲元媛、袁冬末（长春市第八十七中学），李百芝（长春市第三十中学），罗彬彬（长春市第五十三中学），姜海平、徐强、贾春景、高波（吉林大学附属中学）

时间：2017年4月8日，晚6点—晚9点

形式：网络"圆桌会议"

李："张玉新导师工作室"的活动特点之一，就是张老师在听学员讲课的同时，自己也会为大家奉献一节原汁原味的家常课。他的原生态教学，初听时似有"清风徐来，水波不兴"之感，再稍品味，如临"山高月小，水落石出"之境。而后返观课堂，竟发现表面上的"风平浪静"，实际上却是"潜流暗涌"。今晚，我们将对张老师在我们班上的《小石潭记》一课展开讨论。

姜：课堂上，和学生的对话，就是智慧的点燃。张老师并没有唱独角戏，而是从"你们认为这篇文章最能概括它的特点的一个字是什么"的问题入手，让学生们到黑板上写下这个字。尽管孩子们理解不尽相同，比如"翠""幽""寒""凄"等五花八门，但是张老师能够结合文章内容，因势利导，轻轻松松地完成了对潭水"清"的解读。第一次看到这样解读文本，如此清新，无异于一缕清风拂面。

罗：张老师巧在以"清"字贯穿全篇。导入新课，激发学生的期待。然后引导学生品读文本，欣赏美景，与文本对话、与作者对话，体会作者内心的情感。最后老师酝酿情感引导学生体会作者坐在潭边环顾四周时所见景物的特点，以一个"清"字贯穿全文，进而领悟作者这时的凄凉悲苦心境。一前一后的乐忧变化是全文的重点，循序渐进，学生理解得更加透彻。

汪：是的！老师分析重点内容，清晰到位。在前"清"和后"清"的品析中，融入柳宗元被贬的经历以及柳宗元被贬后的心路历程，促进了学生对课文内容的理解。

袁：这节课的主问题引入清新自然。张老师先抛出一个小问题作引："你们认为这篇课文值不值得学习？"顺理成章地提出了本课教学的主问题。同时，主问题研究清源正本。由对"小、石、潭、记"四字的解读到对"翠、寒、幽、闻"等的分析，最后引导学生找到文章的文眼"清"字，这种在主问题引导下研读文本的方式，建构了教学过程，促进了师生共同参与、沟通对话。

曲：有道理！张老师对文眼"清"字的挖掘过程，令我佩服！随后，在众多的观点中以"本文的写作指导意义"为切入口进入文本学习，可以说"洗尽铅华呈素姿，返璞归真得始终"。

徐：我从思维能力的培养与渗透方面谈谈这节课。首先，学生在仔细筛选能更恰当地概括小石潭整体印象的一个字的过程中，反复斟酌，仔细推敲，最终敲定所选之字，选择过程中完成了思辨。紧接着看到别人的不同答案，自然引发更深层次的思考：为什么别人选择了那一个字呢？我的更好还是他的更好呢？思维产生了冲突，就会更深入更全面地去思考课文。然后让全班同学进行辩论，看哪一个字更恰当，哪一个字更能让全班同学接受。这一过程中要进一步地深入思考，再一次深入研究课文，找到证据，跟同学辩论，让人接受自己的观点。在辩论的过程中对课文又加深了认识。在这样的思辨过程中，学生不但完成了对文章的学习，更体悟到"事不辩不清，理不辩不明"的乐趣。更可贵的是这样的学习方式不断地实践，培养了学生们独立思考问题、全面认识问题的能力！这为其今后发展创新能力奠定了思维基础。

曲：张老师秉持原生态教学观，着眼于语文教学的"返璞归真"，以学生为本，让语文学习回归到其内在规律上来，在语文学习中启迪灵性，追求语文学习之道。

李：一节课能够化繁为简，化难为易，如此清透，还因为张老师有着丰富的教学智慧。张老师智慧地将课堂化作清澈如许的潭，"小鱼水中往来，大鱼潭底潜导",乐亦在其中。具体地说,张老师真正做到了站在学生的角度,根据学生的所知游刃有余地调整教学。学生回答老师提出的"你们认为这篇文章最能概括它的特点的一个字是什么"这一问题时,在黑板上写出"翠、乐、寒、幽、寂、记、闻、清"等答案。通常这个环节容易出现"讲散讲碎"或者"分析强调出一个相对合理的答案而忽略其他答案"的情形,但张老师耐心地和学生一起做着"减法",让学生通过品鉴,自然觉察到前面几个字的片面性和"清"的准确性。在和学生朴素真实的对话中,张老师引导学生自己感知整体做到"初判断",并通过自己的进一步阅读实现"再判断",借此培养学生深阅读和精阅读的意识。

杨:张老师从文本出发,以学生为中心,化有形为无形,循循善诱,让学生在葱幽的竹林中找到这潭清泉的特点,清晰的思路是一条小径,直接延伸至学生的思维的丛林中,在交流与探讨中达成共识。这不仅需要师者拥有深厚的文化修养,还需要师者娴熟的课堂驾驭能力。

黄:张老师的课堂,让我明确了什么是"以生为本"的教学立场,老师授课中更多的是关注学生的知识基础和内心体验,而不是脱离学情,片面传达老师的一己感受。

汪:张老师深钻教材,所以才能发现教材中的课文内容的"筋脉",寻找到与众不同的切入角度,从而让学生迅速产生兴趣,集中注意力和老师一起享受学习的过程。

李:我还发现,张老师极为重视宏观问题的架构。记得张老师说过,语文教材的传统是文选式,并不明确对"语文知识""语文能力""语文素养"或目前提倡的"核心素养"做出质的规定。语文教师作为教材的从教者,既要有宏观的架构,对全套教材有较明晰、恰当的认知,清楚哪一册、哪一篇适合落实什么知识点或能力点或素养等;又要有微观考察,明确每一篇教材文本独特的文本价值。这节课就很明确地贯彻了"用'主问题'来带动全篇,突出文本个性"的思想,老师讲得清透如潭、流畅自如。

姜:还记得玉新老师说过,"要启迪学生的灵性,教师首先要有灵性,教师的行业不是谁都能胜任的"。在这堂课上,让我愈发明白,灵性是一个对另一个的唤醒。对于一个教师来说,要想让你的学生充满灵性,首先你要做一个有灵性的教者。

高：作为有灵性的教者，张老师尊重不同主体不同的阅读体验。张老师的高明之处还体现于在漫谈式的交流中，时而有学生间的争论，时而有老师的点拨，或剖析文本，或联系背景，或谈及作者为人，其广度、深度和厚度无需多言。这种"涵泳"式的阅读，恰如剥茧抽丝、披沙拣金，此为真阅读，张老师为我们树立了标杆。

贾：觉得用"不滞于物，草木竹石均可为剑"这一层次来形容不为过。整堂课看似毫无设计之感，随意问来，随性答之，但却招招切中要害，问题设置牵一发而动全身，攻一点而全通，着实高明。我想这正是张老师修为体现之处。能以无剑胜有剑，缘于对文章深刻的领悟，对全局的把握，没有深入细致的研究，绝没有课堂上的气定神闲，大开大合。"潭"清如许，此为源头活水。

李：张老师的课堂让我们领略并思考了理想的教学和教学的理想，今晚老师们的谈论让我获益匪浅。第斯多惠说，教学的艺术不在于传授的本领，而在于激励、唤醒、鼓舞。愿我们一道努力，争取凭借深厚的功底和丰富灵活的教学智慧，灵活地把握课堂的节奏，并用真诚的富有亲和力的语言与学生交流，启迪学生的灵性，让学生在轻松的氛围中和书本对话，也吸引同学乐于和自己对话，乐于和大家分享自己的见解，激发教与学的热情和内在的潜能，拥有开阔的文化视野。今晚讨论到此结束。

谢谢大家！

生活场景的再现与模拟：重构是文本解读的津要
——《李清照词二首》课堂实录（节选）

授课班级：白山市第二高级中学高二1班、5班
上课时间：2012年5月12日
上课地点：白山市第二高级中学会议室
使用教材：人教版高中必修4

上这节课时，"张玉新导师工作室"刚好揭牌两个月，白山市教育学院高中部搞一次全市的教研活动，邀请我上一节被他们定位的"示范课"，我自己定位的"研究课"。我对"送课"的一贯做法——遵循学校的正常进度，这是我的原生态教学观的最稳定做法：必须融入到学校的正常教学进度中，不要因为我的临时加入而打乱学校的教学，影响学生的学习进度。从这个意义上说，原生态教学是对当地教学环境的"融入"，寻求的是和谐，不能以"入侵"的姿态张扬自我主张；但也不是一味"屈就"，而是在融入、和谐的前提下引导与改变。引导与改变的可能是方法，可能是理念，这要视具体情况而定。

白山市第二高级中学是当地最好的学校，学生也是当地最好的学生，学生的智力水平很好，也有不错的语文学习习惯，从上合班课的形式可以知道学生的好学：本来是在一个班上课，但另一个班的学生不同意，主办方征求我的意见，我很高兴，就上了合班课。课前布置的预习完成得比较好。全市语文教师都到现场听课，作为吉林省高中语文教研员，我不仅面

对这两个班的学生，也面对听课的语文教师，因此我在课堂上的一些话，是对听课教师说的。

课堂实录（节选）

方法导入，务求实际

师：刚才呢，和同学们做了一个简单的沟通，大家在课前已经很好地预习了这两首词。这也是我和同学们想达成的第一个共识，就是像诗词这样的非常优美的文字，同学们一定要在老师讲课之前把它背下来。为什么要把它背下来呢？因为语文课堂，绝不是零起点，尤其像我们两个班：一个文科实验班，一个理科奥赛班。以你们的智商水平，背这点内容根本没有问题，但是如果你不背的话就只好等着下课再背了，那你就被动了。你们做奥赛题的时候怎么才能做得快？不是靠现场反应快，而是靠提前有了一个准备的方案，你看到题目后马上就能想起你曾经做过的类型题。语文也是这样，你背的东西，没准什么时候就成了你的语言能力的一个组成部分，当你在表达的时候它自然而然就化成了你的语言。

研读文本，鉴赏诗歌

师：今天我和同学们一起用一种我所认可的方法学习词，算是一种切磋。第一首《醉花阴》里有没有基本的情节因素？这就是我们今天要学习的第一个问题，哪位同学能回答？

生：《醉花阴》写了作者思念她的丈夫，在喝酒的时候联想到这一切，抒发了一下内心的感受。

师：也就是说思念她的丈夫是核心的事件，一边喝酒一边思念。那么在这首词里边有没有她思念丈夫的字眼呢？

生：没有。

师：没有。那为什么李清照思念自己的丈夫却偏偏不写思念的字眼呢？这正是我们学这首词的一个切入点。那么怎么理解李清照这样的一个做法呢？我给同学们再出一个问题：你看一看《醉花阴》里边有几个关于时间的词？

（老师范读《醉花阴》。）

师：有没有时间词？

生：有。

师：哪些？

生：永昼、半夜、黄昏。

师：同学们看一看，这几个时间词，你能想到什么？

生：我觉得词人把自己的思念寄托在这几个时间词上了。重阳是家人欢聚的时刻，而李清照却因为丈夫不在家而思念丈夫。

……

生："黄昏"，日落的时候，在这个时候本身就比较惆怅。作者在这里是借景来抒情。

师：理解得很深刻。好，请坐！但是张老师有一个问题：从时间线索上来看，"薄雾浓云愁永昼"，这是白天；"半夜凉初透"，从白天到半夜；"东篱把酒黄昏后"，上片已到半夜，怎么下片又回到黄昏了？这是不是有点混乱？所以有的版本认为"半夜凉初透"应该是"昨夜凉初透"。你怎么看这个问题？

生：昨夜相比半夜，思念的时间更长，更深。

师：因为昨夜比半夜在时间往前推一天。从这个意义上理解，思念从昨天半夜就开始了，一直到今天。这样就把思念的时间推到了前一天。同学们想一想，我们日常生活中，你妈妈会说："哎呀，我们的宝贝女儿明天就过生日了！"一般不说："哎呀，我们的宝贝女儿今天过生日！"得有一个提前量，思念也是可以有提前量的。所以，张老师更赞同是"昨夜凉初透"。

师：同学们再看一看有没有场景的变换？

（同学们自由朗读。）

生：卧房、厅堂（书房）、自家的院子里。

师：由室内到室外，从白天到晚上，我们这个时候就能体会到李清照词的妙处了。从时间上看，是从昨天晚上开始到今天白天再到黄昏。空间上呢，由厅堂或者书房到卧房然后转移到室外。她所做的这些事，都是在干吗？

生：思念。

师：都是在思念！这首词表达情绪的字眼有什么？这是学习这首词的一个相对比较复杂的问题。表达情绪的字眼，你能直接看到的是什么？

生：愁、销魂。

师：那我们可以达成这样一个共识：上片一个愁，下片一个销魂，点出了情绪。这两点是直接地点出了情绪。那我们再看一看，间接地表达情绪的字眼还有什么呢？

生：瘦。

师：瘦，消瘦，怎样的瘦？

生：比黄花瘦。

师：这是瘦的样子，怎么瘦的？

生：愁瘦的。

师：愁瘦的，那为什么愁？

生：因为思念。

师：刚才我们探讨了这首词的非常高明的艺术手法。写时间不高明；写地点不高明；写愁，"愁永昼"不高明，"销魂"也不高明。那么什么高明呢？

师：我们推举一位同学把这首词读一下，在朗读中来体会。

……

师："东篱把酒黄昏后，有暗香盈袖。"这个香气我们能看到吗？

生：不能。

师：既然看不到，为什么会有明暗之分呢？你能理解吗？为什么是暗香？

生：这个暗香应该是酒香。

师：酒香有明暗之分？

生：可能是她当时和丈夫一起饮酒赏菊时候留下的，所以淡淡的。

师：这个香可不是"瑞脑销金兽"中的瑞脑，它可没有那么持久的香味。菊花的香味是淡淡的，这应该是她采菊之后的香味，肯定不是去年的香味。

生：我想应该是想起了当年的菊香。

师：你是说她由这个香想到了当年的那个香，是不是这个意思？于是就是"暗香"。也不能说没有道理，你看一下能不能从另一个角度考虑考虑。当时是一个什么样的天气啊？

生：黄昏。

师：黄昏有什么特点啊？

生：有夕阳。

师：有夕阳而且昏暗。这个"暗"字与天气是相合的。"暗香"幽幽地表达出和当时的天气相吻合的那样一种"香"，并且可能想起了去年的情景。我们甚至可以想象李清照的丈夫在那时采一朵最美的菊花别到妻子的鬓边这样一种举动。多么浪漫啊！

师：最后一句"莫道不销魂，帘卷西风，人比黄花瘦"，"莫道"是什么呢？

生："莫道"就是不用说。

师：我是不是心怀愁绪，这还用说吗？你看一看那菊花就知道了。那菊花被西风吹得都已经消瘦了，而我呢比那菊花还要消瘦。你说我不是想你想得那又是什么呢？所以，张老师觉得这首词最迷人的地方是：本来就是写思念的，但是就不出现这个字眼。所有的景物没有一处不关乎这样一个思人怀人的主题。所以有的选本说《醉花阴》叫作《重阳》，有的写作《重九》，还有的写作《九日》。就围绕重阳这一天特定的节令的特点，选择相当丰富的物象，来传达自己的一种主观的情绪。这才是《醉花阴》真正高明的地方。

大家都知道，宋代末年发生靖康之乱，北宋的小朝廷南迁了，变成南宋了。李清照也在南迁的大军之中，南迁之后不久丈夫去世了。她丈夫去世之前是在现在的浙江湖州做知府。结婚的时候她丈夫是太学生，李清照的公公曾经做到了宋徽宗一朝的宰相。都是名门望族的两个家庭联姻，所以我说李清照没出阁的时候是大家闺秀，出阁之后是名门少妇。但是当她写《声声慢》的时候，却已是一个寡妇。

……

师：现在我们再公推一位同学朗读一下《声声慢》。

（一生朗读。）

师：非常好，尤其是"点点滴滴"，叠字读得非常有韵味。现在我们一起朗读一下，注意顿挫。

（学生朗读。）

师：这一首词的韵味和刚才那首韵味截然不同。大家能感觉到不同在什么地方吗？我们一句一句地看。有同学说，别的都能读懂就是叠字读不懂。那我们就先看看这几个叠字啊。"寻寻觅觅"，动词吧？其实就是寻找，但是你体会啊，如果说"寻觅寻觅，冷清冷清，凄惨凄惨戚戚"有没有效果？

生：没有。

师：一点也没有。你比如说，按照构词的方法，"寻觅寻觅"是ABAB式的，李清照把它创造性地改成了AABB式。"寻寻觅觅"这个动作的特点是什么？不断地找寻。为什么不断地找寻？仿佛丢了东西，所以在找寻，若有所失故寻觅。寻觅到了吗？没有。寻觅到了什么东西呢？

生："冷冷清清"。

师：她找到的却是冷清，因为除了她自己在寻找这个动作之外，再也找不到别的东西了，她找到了只有自己在孤独地寻找。那么"冷冷清清"到底是什么？

生：心境。

师：所以写环境也是在写心境，这就是常说的"一切景语皆情语"。然后你再看，还有更惨的："凄凄惨惨戚戚"。是什么？

生：还是心境。

……

归纳概括，学法指导

今天我和大家共同学习了李清照的词，目的在于怎么样生活化地走进文本，怎么样吸纳更多的信息来理解文本。我特别反对同学们读《教材完全解读》，因为它把你思考的空间给堵上了，你最后就按照它的说法去说，实质上只要是你说的，说错了也没关系。最重要的是经过自己的思考形成自己的思维方式，所以就以这个教材的原本作为主要的阅读取向。

怎么提高自己的文化修养呢？很重要的一个途径就是读书，读什么样的书才能表现你们白山二中学生的与众不同之处呢？读别人没读过的书，读别人不愿意读的书，读别人不可能读的书，读别人不知道的书。在读书过程当中形成自己的见识，你的见识比别人高了，才表明你这个人的立足点比别人高，而不是做很多题尤其不是做很多语文题。今天非常感谢同学们，希望有机会还能和同学们共同分享。下课！同学们再见！

生：老师再见！

教后反思

因为已经脱离一线教学有年，到相关学校上课已经非本职工作，只是"玩票"的性质，但在我的内心却是十分重视的，因为教学研究的命脉是课堂教学，脱离课堂教学的教学研究是没有生命力的，是纸上谈兵。教研员上课，从站位上要有充分的考量，要针对教学现状，矫正弊端，在多方面给教师"打样"。而课堂效率低，教师缺乏对文本解读的个性化，是一个比较普遍的问题。我上课的时候，为了突出效率意识，一般都注重课堂容量，这与我在中学做教师时形成的大容量、快节奏、灵活多变的教学风格有关。比如这一节课，在公开课上老师们往往只讲其中的一首词，我则是两首都讲，可谓是效率意识的体现与落实。很多老师在分析文本时主体不在场，都是用别人的话说别人的事；我则强调生活化分析文本，试图读出文本的个性。在本课中被大家称道的就是向学生提问时间词、场所词和情绪词，通过这样的追问与分析，破解含在字里行间的愁绪的密码，通过对几组词语的剖析走进了词人的情感世界，较好地体现出我对语文课的另一个追求——语文课的美感。

评课沙龙：破解字里行间愁绪的密码

主持人：苏鹏（永吉实验高级中学）

参与人：刘洋（通化市教育学院），田立辉（吉林市教育学院），于华、孙滢（白山市第二高级中学），阚秋莎（长春市汽车经济技术开发区第六中学），薛丹（磐石市第五中学），周俊文（海南省农垦实验中学）

沙龙内容：评张玉新老师《李清照词二首》一课的启发之处

沙龙时间：2017年3月25日晚7点到晚9点半

沙龙形式：网络"圆桌会议"

苏：本课最大的亮点就是"破解字里行间愁绪的密码"，我们从"品析字词，体悟情感"的角度剖析，看一看张老师是怎样从特定词语中引导学生重构诗人情感的。

刘：这节课我是在现场听的。当时只觉得，张老师从词句的只语片言中，把这个千年前的女子复活了，一低首，一蹙眉，都如在眼前。为什么会有这样的感觉？我想，也许是因为张老师的解读把握住了李清照的作品所独有的气质与风格，即含蓄雅致，别是一家。

于：这节课就是在我们学校上的。讲解透彻是这节课给我留下的最深印象。通过教师的讲解引领学生徜徉诗的世界，离愁别绪，慷慨激昂，恬淡悠然，幽怨愤懑……无不引人入胜。而鉴赏的方法则是需要教师去引领的。这堂课无疑是很好的范例，张老师讲解透彻，让学生更深切地明白如何透过意象去理解、品味内在的情愫。

阚：这节课整体的设计围绕具体字词的推敲、研读，意在抓住诗歌字里行间的缝隙中洒落的微光，并将其从时间的冰冷中唤醒，进而激活整个文本。张老师在学生已经把握诗歌基本情节内容的情况下，选用了"时间"和"空间"两组学生最易把握的词作为切入和突破口，学生快速地从"永昼""半夜""黄昏"中体会到了李清照深刻入骨的相思之情，在找到作品空间从卧房到书房再到自家庭院的转换后，学生进一步明白了李清照的百无聊赖。此时，张老师大笔一挥，看似随性的一点，将"瑞脑"进行了深度解读，学生自然而然明白了李清照对香炉的极度关注，其实所展现的是内心深处无以言说的愁绪。读到此时，我只有拍案惊奇了，真是神来之笔！不仅解决了一个距离学生生活十万八千里的生僻词语，又借此盘活了千年前李清照的一个细微的生活场景，至于什么主题、情感，可以说是水到渠成，哪里还用点破，在场的每一位都已经感同身受了。在此基础上，"暗香"的解读更是活色生香。而后一首看似更难理解的《声声慢》也就轻松解读完成了。

田：张老师在课上是极其关注学生的，从教学之中的不断追问便可见一斑。比如在《醉花阴》的教学之中，张老师是从一个时间问题把学生引入对文本的阅读和思考，然后抓住时间到空间的转身，引起学生对文本内涵、词人情绪的关注，再到物象所寄托的深层情感的思考分析。张老师不断借问引思，让学生在思考交流之中打开思路，既能懂事儿，又能知趣儿，也渐渐品到味儿。

孙：张老师的《李清照词二首》示范课在我校讲授，时隔五年我记忆犹新。我认为此课最大的亮点有二：其一在于深度解读，对每一个重点词句精心引导，逐步剖析，使学生对李清照的情感理解不再停留在纸面上，而是可触可闻。其二就在于全语言讲授，很抱歉这一点上我与别的老师看法不同。我始终认为语文之本就在语言，所有辅助手段都只是装饰，若本人气场足够，则装饰可有可无，甚至以无为上，有则多余。

周：所以，我觉得张老师讲的这堂课最精彩的地方，是把握好了"情感与文字"的显隐关系，如课中所谈："这首词最迷人的地方是：本来就是写思念的，但是就不出现这个字眼。所有的景物没有一处不关乎这样一个思人怀人的主题。所以有的选本说《醉花阴》叫作《重阳》，有的写作《重九》，还有的写作《九日》。就围绕重阳这一天特定的节令的特点，选择相当丰富的物象，来传达自己的一种主观的情绪。这才是《醉花阴》真正高明的地方。"由此看来，张老师对文本中文字的推敲与把握，是有着独到的功力的。

薛：一句之灵，能使全篇皆活；一字之警，能使全句皆奇。上片一个"愁"字析"味"，下片一个"销魂"植"味"，令听者黯然销魂。张老师将原汁原味的诗意推到了学生面前，堪称灵性启迪。

苏：张老师的这堂课，一方面体现出了备课过程中对"字词"挖掘的"苦沥"态度，体现出了教者的"厚学"意识；另一方面也展现出了教者对课堂的驾驭能力，或者说，对课堂教学环节的"预设"能力，这便是课堂设计的艺术性。张老师虽然不强调条条框框，但是在授课的过程中，总是体现出鲜明的逻辑性。在字词的把握上，可以说，教师就是为学生开了一扇窗，让学生自己去体悟并感受窗外的风景。

刘：对于这种"预设"，我还有一些看法。张老师每次讲课之前，都有梳理学生问题的习惯。梳理学生问题的过程就是教师依据学情和自身对文本的解读，生成教学设计的过程，通常的公开课上这个过程我们是看不到的，而张老师写意式的现场梳理给我们真实地再现了这个过程，所以我觉得它很有价值。

张：是这样的。我每次去上课都是匆匆忙忙的，甚至有很多时候需要在飞机上备课。其实我每次课前都对学生做调查。因为我的课一向是"生本课堂"，是面向学习者的教学，不是面向教师的教学。教育者要更好地了解学情，然后根据学情去设计"生活化"的解读形式。也就是说，我在备课时，往往是有一些"预设"的，比如本课中对几个类别的词的分析，因为这几个类别的词与我们的生活有着比较强的关联。在看到学生反馈的调查之后，就依据学生的认知能力来确定怎样以"生活化"的方式将这首作品展现给学生。"生活化"解读，很多时候是我确定一堂课的主题的手段。当然了，预设只是个大致的东西，或者说是个骨骼、框架。而课前的调查，就是要让它血肉丰满。

周：从课堂的进程看——沿着学生的思维线展开。从学生提出作者思念丈夫进入文本—探讨如何表达思念之情—分析时间、空间、景物传情之妙—细味世态人情，比较中见思情同异，突出文本"高明"之处。《声声慢》则从大家关注的叠词开始——谈冷清，析心境，话"将息"，说大雁，看黄花，味愁情。从课堂的细节来看——推学生以旧知唤新知。比如，以日常生活经验来探讨是"半夜凉初透"还是"昨夜凉初透"；以"凤凰台上忆吹箫"的百无聊赖来理解"瑞脑销金兽"的慵懒之态；以"国破山河在，城春草木深。感时花溅泪,恨别鸟惊心""两个黄鹂鸣翠柳,一行白鹭上青天""黄四娘家花满蹊,千朵万朵压枝低。留连戏蝶时时舞,自在娇莺恰恰啼"中景与情的关系来体味"最难将息"的深婉之情。

刘:我觉得如果从字词与情感的建构上来说,就是通过文本细读来实现诗歌情境的还原。文本细读,既要体现在备课过程中,也要体现在授课过程中。教师应该以深厚的学识为基底,结合作者的生平和身份,对文本进行"生活化"的还原,凸显文本独特的语言风格。张老师便是在这些已有的基础上,预设出这堂课的"骨骼",然后结合学情来展开教学的,进一步凸显了"原生态教学"的特点。

张:从整体上来看,是这样的。要再次强调的是,我们的授课对象是学生,而不是语文教师,如何在备课时,在细读文本的过程中,渗透"生活化"的元素,并能将之呈现在课堂里,是我们每一个语文教师都应该思索并尝试的。希望在整个交流的过程中,大家都能有所体悟,有所收获。谢谢大家!

跨界的融会贯通
——《议论文作文评改》课堂实录（节选）

授课班级：吉林大学附属中学初三35班、36班
上课时间：2016年10月13日
上课地点：吉林大学附属中学阶梯教室

这节课是为吉林省教育学院承担的国培示范班学员上的，针对吉林大学附中初三年级一次月考的作文进行评改。两个班级80人，写议论文的只有18人，一个班写议论文的太少，就上了合班课。作为作文评改课，王帮阁老师针对记叙文，我针对议论文。

通过批改学生习作了解到，这是他们第一次写议论文，很多学生甚至不知道什么叫议论文，更不知道该怎么写。

很多任课教师都告诫学生，中考时不要写议论文，因为得分不高。而当前吉林省中考作文不知何时形成了一种十分奇怪的文风，就是虚假的"文艺范儿"，风花雪月、轻飘空虚。长春市中考试卷由高中老师批，初中老师认为这样的文风是高中语文教师造成的，高中语文教师认为是初中老师的导向造成的。我就请长春市初中语文教研员参加了这次活动，希望共同诊断中学生作文出现的偏差。

课堂实录（节选）

研读材料，把握核心

师：同学们，你们最辛苦啊！空间不便，上课一切从简。现在就正式开始上课！今天我们聊聊"初中议论文写作：尝试学科迁移"。这是今年（2016年）长春市中考作文的第二个题目（课件出示），是个给材料作文。请一位同学念一下。你离得近，小伙子，你来念一下。同学们思考我留的那四个问题。

生：齐白石作画，喜欢题"白石老人一挥"几个字，给人的印象好像是画得很快。其实，齐白石在任何时候作画、写字都是很认真很慎重的，并且是很慢的，从来就没有信手一挥过。齐白石坚持每天作画，他一辈子只有两次十天没画画，第一次是他害了大病，躺在床上十天不能起来，第二次是他母亲去世，悲伤过度，十天没有动笔。他曾说，天道酬勤，要相信大自然的规律是有益于勤劳的人的。认真严谨、勤奋克己、持之以恒，伴随了白石老人不平凡的一生，也是他留给我们的精神给养。

师：你对这则材料有什么感想？

生：首先是对齐白石这个人有深深的敬佩之意，他能这样坚持，只有两次十天没画画，是非常难的一件事情。这是非常令人敬佩的。

师：你对这则作文材料是持赞美态度的。

生：对。

师：请坐！对于这则材料有没有同学有不同的意见？命题者就在现场，我们要和她"叫板"。好，这位小同学——

（同学们笑了起来。）

生：就说材料的最后一个词——给养。这个词，我查了一下它的意思。

师：我打断一下，你就是王老师说的那个最愿意查字典的同学？

生：我不是。

师：你还不是最高手？好，你说。

生："给养"的意思是军队中人员的伙食、牲畜的饲料以及炊事燃料等物资。

师：你是说喂马的怎么喂人了？

生：不是，就是喂马的和喂人的等军用品以及其他的一些杂物，统称给养。

师：你是说"给养"用词不准？

生：嗯。

师：这是对个别字词的一种锤炼。还有没有别的想法？

生：我感觉材料中有一部分是可以删掉的。比如说他这辈子只有两次十天没画画，然后一直到"十天没有动笔"，这一部分对于他的持之以恒不是正面的描写，完全可以删掉，换成一个更加直接的材料。

师：好，请坐。还有没有不同意见？

生：我有个小问题，就是说他写字都是很认真、很慎重的并且是很慢的，这个"很慢的"，我不是很赞成，因为我学习过书法和国画的，书法和国画不是注重于慢，而是——

师：我打断你一下，你是齐白石吗？

生：并不是。

师：他可能真慢。好，你接着说。

生：我之前看过他的一篇文章，他说，画画不应该特别慢，而应该有力度。

师：你的意思是你对他的那个"一挥"有意见吗？

生：不是，我是对"很慢"有意见。

师：那你认为他太慢了，他就应该一挥。

生：不是的。

师：我没听清楚，你再说一遍，简要地说。

（有同学低声说。）

生：侧重点不一样。

师：嗯？侧重点不一样，好，你来回答。

生：就是说很慢和她刚才说的有力度是从两个方面来形容他写字的方

式，那么这两个方面是可以并存的，不一定非得偏向某一方面，应该更均衡地描写。

师：好，还有没有同学有自己的看法？

（有多名同学举手。）

师：但是下面再回答问题一定要和他们有所不同。你确认不同吗？那个小伙子。

生：我认为这个材料废话太多了。

师：什么太多了？

生：废话太多了。有意义的是"齐白石在任何时候作画、写字都是很认真很慎重的"和"齐白石坚持每天作画"，就删掉剩这么点儿，就已经可以让我们写出来议论文了。

师：啊，好，请坐。潘老师（中考命题者），听着啊！还有没有跟他不一样的？

（有同学举手。）

师：那位女同学。

生：我觉得这篇议论文材料给得是很宽泛的。比如说，仅就齐白石的特点，就提供了"认真严谨、勤奋克己、持之以恒"等关键词，甚至是从材料中母亲去世他悲伤过度，可以看出他的孝顺。材料是很宽泛的。可以有两个理解：第一个就是对于一些孩子写作文来说是很容易的，因为随便找一个侧重点都可以写一篇作文，但是也有另外一种情况，就是把这四个点都写了，每个点都没有论证得很清楚，论点也不是很明晰，论据可能找得不是特别准确，就导致文章变成了不太好的文章。

师：好，你请坐。凡是对这则材料觉得有必要修整或者不是很好的，请举手。

（同学们纷纷举手。）

师：好，请放下。可以看到，有意见的还是很多的。

（同学们笑了起来。）

师：请同学们看一下，我留的那四个问题。（课件显示）

第一问题是，这个作文材料有哪些文字可以删掉？

同学们，我提前给大家布置了，因为大家昨天正在考试，没有认真地思考，但是刚才用举手表达了有意见。

我这个问题的关键在哪里呢？不是要指责这个命题和这则材料，我是说同学们要善于过滤掉无关信息，明白张老师的这个意思吗？刚才，你们已经很精彩地做到了，但是即便是精彩地做到过滤掉无关的信息，也不等于就能写出一篇好的议论文。想明白了和写明白了中间有十万八千里，今天解决不了这十万八千里，但是张老师承诺20日以后，我利用你们的晚自习时间给你们专门讲解几次议论文的写作，好不好？

生：好！（鼓掌）

师：同学们再来看第二个问题：对这个材料作文，你写作时最难的是什么？

重点是想让同学们盘点自己的积累，"搜索"你大脑当中的与此相关的知识，作为你写作的有效的素材。这是问这个问题的目的。

第三个，这则材料中最核心的信息是什么？

其实这个问题和第一个问题是互补的，比如说我认为这个命题当中有一些话是多余的，抓住关键的，不管多余的，就把多余信息排除了。

另外，我只要确定了一个主题或者观点，我就不计其余。因为这个材料不是让你就某一个方面去立意的，是可以多角度立意的。从立意上讲，过滤信息，形成互补，非常重要。

学科融合，拓展思维

师：第四个问题是今天我和同学们要重点解决的。这个问题是：你认为数学学过的知识可以为议论文写作提供帮助吗？

今天跟同学们交流这个题目，是要关注跨学科思维的迁移。刚才我跟那位小伙子交流了，我们俩怎么说的？你跟大家重复一下。

生：主要就是学科之间都是相通的，科与科之间是互补的，不能只是单纯地一个学科一个学科地来学习、研究，而应该多个学科中寻找共同点，寻找到有用的东西然后相通迁移，这样才能使学习更加简单方便。

师：好，请坐。学习的一个境界叫作融会贯通。单一学习的人，往往是低智商地勤奋。低智商地勤奋除了疲劳之外，不会获得更大的智力上的收益。我前个阶段认真读了你们的初中数学教材，读到初三的九年级上册，有很多感慨，我觉得有好多东西可以迁移到议论文的写作当中。下面请同学们看一下一位同学向我提出的想法。（课件显示）请王文轩同学认领，你重点读第四个问题。

生：问题四，论点等于数学中要求证的东西，论句等于因为所以引出的材料。

师：王文轩同学，我要打断一下，你这个"句"……看来你真没写过议论文。

生：没写过。

师：真没写过。你这个"句"，你看一看对不对？

（同学们笑了起来。）

师：我是找了书法家帮我辨认，最后认为是错别字。

（同学们又笑了起来。）

师：好，你接着说——

生：分论点等于每个已证出的结论，多个分论点相加等于论点。论证或者是证明，一定都要有缜密的思考，丰富的知识。我再补充一点：数学中给出的题干就等于议论文中给出的材料。

师：非常好！

（同学鼓掌。）

师：听没听明白？大家看一看，王文轩同学是不是贯通了？回去一定要写一篇，张老师要给你一个字一个字地改，让你在中考的时候能写一篇成功的议论文！

生：谢谢老师！

（同学鼓掌。）

师：再看一个人的。（课件显示）这位谁来认领？图片放大以后有点失真，而且没写姓名。哪位同学？有没有认领的？好，来。

生：就是数学中十分讲究归纳总结的方法，写议论文的时候……

师：王文轩同学，看他这个"据"，怎么写啊？人家都写出来了啊！

好，你接着来——

生：在论据之后要有议论，就是总结上述的事情。我觉得这两点是比较相像的部分。数学中还有分类讨论的方法，跟在写议论文的时候写分论点是相似的。

师：不许坐！崔校长，你看看这小伙子，他谈的是分类讨论。能不能给大家简单地介绍一下分类讨论？

生：比如解一个带绝对值的方程，绝对值里头的数，如果是正的，开出来的时候不变号，负的话开出来的时候要变号，这个时候就要用到分类讨论。

师：嗯，分类讨论。也就是说是多元素的，不是单一元素的。

生：对。

师：有多种情况的，需要排除的？

生：对。

师：但是同学们写的18篇议论文，都是单一要素的。我们把努力和成功画了等号，一会儿你还要用你的观点来分析。我看了你的观点以后，特别激动，我说我一定要认识认识这小伙子是谁，你叫什么名字？

生：汤云开。

师：好好。请坐。

（课件显示另一位同学的作业。）

师：哪位是陈枫同学？念第四个。

生：推理中会涉及充分性和必要性，特别是必要性。

师：解释解释。

生：议论文写作中，你把论点提出来，就相当于数学里的一道题，之后就需要运用自己脑子里的一些知识和题里给的一些条件……

师：简单地说，什么叫必要性？

生：就是能从条件推出来结论。

师：你用代数的方式说一下。

生：可能有点说不明白。

师：啊，说不明白？崔校长，我们接没接触过必要性和充分性的问题?(崔校长摇头说没有)没有接触,那你是额外学的?

生:嗯,对。

师:好,那你请坐。(崔校长补充说这是高中的)高中的啊,那你就是超纲了啊。(同学们笑了起来)但是这也足以让我激动了好长时间。

师:再看这位同学的(课件显示),认领一下。还画了图表。好,那个小伙子(微笑着注视),是你吗?

生:嗯,是我写的。我主要是从推理方法来谈的,我觉得数学的方法有归纳法、演绎法,还有归谬法。

师:其实还有类比呢,是不是?

生:当时没有想到。归纳就是通过列举很多的事实,然后得出一个结论。演绎是数学中经常用到的方法,跟刚才那几个同学说的差不多,就不细说了。归谬法就是先假设这个理论是对的,然后再证明这个假设是错误的,然后得出结论。图表中是我自己认为比较好的一种作文结构,就是说要列几个分论点,我认为最好是三个,不多也不少,可以写得很细,但是同时能支撑自己的论点。最主要的是结构之间要紧密,结尾的号召必须有影响力。

师:好,请坐。

(课件显示另一位同学的作业。)

师:这位小伙子,来读——

生:我写的是用反证法或者是正常的逻辑顺序证明法。正常的逻辑顺序证明法,就比如说上节课我们学的是记叙文,涉及逻辑关系问题,那议论文,我觉得也是如此,要有一定的逻辑性,必须把你为什么是正确的给说出来。其次是反证法,只是我也说不大清楚,但是我可以举例子来说。比如说我证明世界上存不存在圣人,先假设有圣人,然后我就想,圣人需要吃饭吗?圣人需要正常的生活休息吗?圣人需要正常的娶妻生子吗?我们知道,没有任何一个人能做到一生都不接触这几个点,所以结论就是圣人是不存在的。这就是反证法的证法。

师:你就是用了归谬法,是不是啊?

生:对,归谬法。

师：好，请坐。圣人存不存在，我们这节课不讨论，它不是语文的内容，但是你运用了逻辑推理的方式，这个语文课需要用的。我对同学们的问题进行了归纳，其中几个同学是用手机发给王老师的，王老师又发给了我，我就用文字整理了出来。（课件显示）这是哪位同学回答的？尤其是看第四个问题啊，哪位同学？

（有同学举手。）

师：好，你读一下。

生：数学中证明题的解答和议论文的写作很相似。议论文中的论点就是证明题中需要证明的命题，论据是证明过程中引用的定理、公理，论证是运用定理、公理得到的进一步的推论。

师：好，请坐。同学们再看啊（课件显示），这个是黄瀚霆的。

生：证明过程中有一层一层周密的逻辑关系，前后推导时的因果或并列关系，就像是在安排材料、论据的顺序。证明的方法多种多样，同理，论证的方式也有很多。

师：好，请坐。还有很多同学的，因为时间关系，或者不够典型，我就不再展示了。大家看（课件显示），老师做了一个简单归纳：好比一个等式的证明，比如 $a=b$ 或者 $a=b+c+d$，求证的过程就是证明这个等式是成立的，这当中会涉及很多逻辑方法，比如演绎推理、归纳推理、类比推理，以及反证法，也就是归谬法，还有我最激动的分类讨论。

例文剖析，指导方法

发言的大都是男生，为什么呢？男孩子在这个阶段的逻辑思维发展比女孩子快，而初三阶段是男孩子逻辑思维迅速发展的阶段，所以男孩子如果在中考的时候偏重写议论文，尤其张老师跟你们说了之后，得高分的概率是非常高的。所以我们这两个班的男孩子，过两天重点给你们讲议论文啊！（掌声）我决不食言。下面就用你们刚才认可的数学的方法分析一篇文章。（课件显示）我好像只能放到这么大，这是我用手机拍的，我晚上10点多才弄好。（同学们笑了起来）这位同学是宋昱达。

（有同学举手。）

师：好，请你来念。你要是看不清，你就直接读你的文章，我在前面给大家翻页。

生：谈勤奋。世上至贵者，勤也；世上至难者，勤也。勤能补拙，业精于勤。所以我说：勤奋是成大事者所必需的品质。

师：停，先到这，自己评价一下，用你刚才所理解的数学知识分析一下，你有没有什么可说的？

生：我写得不好，题目定得不好，有点宽泛，就相当于证明三角形为什么是三角形一样。

师：宽泛，没法论，600字写不清楚，好。说说第1段。

生：第1段，我觉得把论点整出来了，但是……（同学们笑了起来）但是前面那两句我觉得，如果有必要的话，可以删掉。

师："世上至贵者，勤也；世上至难者，勤也。"是不是这句？

生：嗯，我觉得有点文白不分。

师：也就是说，你下文要接着论述勤的难或者是勤的贵的时候，这一句并不白费。但你如果下面根本不论述它，这一句就白费了。是不是啊？

生：对。

师：没有对应。

生：是。

师：你对哪句是比较满意的呢？"勤能补拙，业精于勤。所以我说：勤奋是成大事者所必需的品质。"你对此部分是很赞同的，是不是？

生：嗯。我觉得除了论点，一无是处。

（同学们笑了起来。）

师：但是论点是正确的。

生：啊，对。

师："所以我说"，你想想要费你好几秒，废话，不要。你是谁，人家根本不认识，尤其批卷的人，是不是？所以谁说都无所谓。

生：老师，但是我觉得加上显得我比较谦虚。

师：显得你比较谦虚啊！

（同学们笑了起来。）

师：这个可能也因人而异。在一个有文字洁癖的人看来，好像谁说都无所谓，这个观点是铁定的。这个我们可以课后再争论，好吧？你下面接着读第2段。

生：隆美尔，德国名将，一生戎马，美誉无数。丘吉尔称他为"伟大的军事家"，他也被人们称为"二十世纪的汉尼拔"。如此赫赫声，他又是如何搏来的呢？一个字，勤。他专攻山地战，在一线练兵九年，积累了大量经验，调任教官后，潜心研究拿破仑与汉尼拔的指挥艺术，终在1937年写出了《步兵攻击》，成为闪击战创始人之一。而后在北非指挥战斗，林林总总上百场战役，战败数量却屈指可数，并且常打漂亮的以少胜多战役，这不能不归功于他那段时间的沉淀与研究。

师：好，你先请坐。下面哪位同学用刚才你体会的某种数学的原理对他这个论据进行分析？他举了二战战犯隆美尔的例子。

（有同学举手。）

师：你自己要回答吗？

生：我有一处要说。

师：好。

生：就是隆美尔他不是二战战犯，他是二战德国中唯一一个没有受到战争罪指责的将军。

师：因为他死了，是不是？

生：不是，他虽然参与了很多战争，但他没有受到战争罪的指责，没有犯反人类罪。所以，我认为，你在下面给我定的"反人类的将军之力"我觉得不大正确。

师：你不赞同，是不是啊？

生：是。

（同学们笑了起来，鼓掌。）

师：非常好，请坐。我要把宋昱达同学举的这个例子当作一个典型，和老师、同学们一起进行分析。用隆美尔的例子来证明成功，在应试作文中恰不恰当？如果我是批卷者，对隆美尔的理解没有你多，便会那样定性，对不对？这个时候你说是我决定你的命运，还是你决定我的命运？你连反击的力量都没有,是不是啊?因为你不知道被谁给毙了!

(同学们笑了起来。)

师:今天我要毫不回避,谈谈应试作文的好作文的标准。我们要排除嫌疑,排除争议,尽量呈现共识性的东西。当然,我觉得宋昱达同学可能想给大家呈现一个新鲜的例子,大家不知道的独特的例子,只是容易剑走偏锋。过后我们再专门研究你这个问题,好不好?下面我想请你就隆美尔的例子进行分类讨论。

(同学们笑了起来。)

师:有些突兀,是不是啊?

生:是啊。

师:张老师先给你做一个简单的引导——隆美尔能够成为一代名将,固然有勤的原因。假如张老师也想成为隆美尔,比他还勤。

生:没有用。(一名同学低声回答)

师:嗯,为什么没有用?

(同学们笑了起来。)

生:需要条件。

生:不是说仅靠勤就能成为隆美尔,时代造英雄嘛,他处在那个时代,有那个环境,所以能够成就他那样的成就。所以说——

师:勤奋对于成功而言,是一个必要条件。

生:对。

师:但不是一个充要条件。所谓"必要条件",无之必不然,有之未必然。如果我不努力,不勤奋,我肯定不能成功,但是我努力了不一定成功。所以这就带有了或然性。同学们,这个词要记住啊!(随机板书:必然、或然。)

师:所谓的"或然",就是不一定。比如说,近朱者赤,近墨者黑,但是我们也可以说近墨者未必黑,近朱者也未必赤。这是一个很关键的问题。我看到18篇议论文当中,普遍存在一个问题:误把必要当充要。这个问题我们先作为一个悬案,因为没有那么多时间,过后我再跟你们仔细地讨论啊。宋同学,请你接着读下文啊。(课件显示)

生：所以说，朋友们，勤奋是能力的磨刀石，勤奋是能力的铸炼炉，勤奋是能力产生的重要条件，此为至道也。《礼记·学记》中说："虽有至道，弗学，不知其旨也。"既然如此，何不走上勤奋的道路，使自己的能力更加全面，使自己的能力更加出众呢？当今之中国社会，是高速发展的社会，是新陈代谢快的社会。唯有勤奋者，孜孜不倦地努力，孜孜不倦地学习，才能跟上时代的脚步，成就一番事业！所以我说，勤奋是成大事者所必需的品质。

关羽夜读《春秋》，成智将之美名；吕蒙日夜苦读，终成博学之士，世传"士别三日，当刮目相看"之美谈；王阳明研究哲学，枯坐竹林内七天七夜；王献之一十八缸墨水，终成书法大家。诸如此类事迹，不胜枚举。纵观古今历史，未有成大事者不以勤称也，所以我说勤奋是成大事者所必需的品质，或也可说，怠懒之人终生不能成大事！

师：宋昱达同学，刚读的前一段，你很明确地指出了仅仅是必要条件，你发没发现？就是我给你画线的地方，你再把这个地方念一下，第二页的第一行。

生：勤奋是能力产生的重要条件。

师：注意，是重要条件，人家没有说是唯一条件，从这个意义上讲，你的论证是严密的。但是呢，你举的例子是有争议的，也就是隆美尔的例子，过后再谈啊！接下来谈谈文中出现的"所以我说""当今之中国社会"之类的话语。上堂课王老师讲记叙文的时候，同学们出现过类似的话语，它们不是很贴合议论文的文体，这个部分正是要求我们展开论述的部分，或者展开分析的部分。由于同学们写得少，现在还不熟，没有关系，我们慢慢来。你再读最后一段。（课件显示）

生：在当今中国，勤奋愈加重要。勤奋于己而言，如锦上繁花，如壁上山水画；勤奋于国而言，却如人之五脏，必不可少，必不可少呀！一个国家如无勤奋的精神，怠懒于精进技术，怠懒于经济发展，怠懒于培养人才，不思进取，安于现状，呜呼！国不国矣！所以，朋友们，为了自己，为了祖国，我们应当勤奋学习，上下求索，让自己成为一名成大事者！

师：现在对你的文章，做一个整体的评价。注意，也是用刚才大家迁移的数学的知识来回答。

生：老师，首先我觉得，前面那个例子换成曾国藩的或许会更好。其次——

师：不用向我妥协，没关系，你越是坚持这个问题越有争论下去的价值，并且你的获得可能更多。

生：嗯。从数学的角度讲，我觉得最后一段不大好，有临阵换将之嫌。我觉得还是应该论述个人，不用刻意拔高，而且我觉得谈得不是很好，不深刻，还不如不要。总体上，我觉得还好，王老师的要求，我觉得我达到了，就是每段后面都有相应的点题和论述，有联系生活，所以我觉得还不错。

师：好，你先不要坐下。我现在就根据你的面部表情和刚才读时的那种自信，描绘出一幅画面，什么样子呢？你将来一定能把议论文写得非常棒，纵横捭阖，并且文理的知识融洽以后，你的文章将更加通顺，逻辑更加严密。眼下属于乳燕初飞，还有许多不那么丰满的地方，甚至有的时候姿态还不那么优美，但这只是用一堂课的时间来完成的，已经很难能可贵的了。

在你重写这篇文章的时候，要重点思考能不能继续用隆美尔的例子，要更深入地分析。你自己思考，怎么让它更好地说明论点？这是你二作本文的时候要重点解决的一个问题。那个时候你就发现学会分析了，同样的一个例子，可以把它当作正向的，可以把它当作反向的，就看我们从哪个角度去选取它。好不好？你请坐。

下面同学们再看一篇……

生：老师再见！

师：同学们再见！谢谢同学们！

教后反思

中学几乎不存在真实的作文教学，这不仅因为没有比较像样的作文教材，也因为语文教师中不会写文章的人不在少数，自己不会写，怎么教学生写？这是我选择上这节议论文作文评改课的初衷。

学生不会写议论文，但是真不具备有关议论或逻辑思维的基础吗？显然不是。不过语文教材中的确没有这方面操作性强的东西。怎样找到学生相关的"先拥知识"？就只好跨学科，从数学中寻找。从课前调查问卷中可以看出学生的确有这方面的积累，课堂上的呈现说明了这一点。

听课的除了来自全国16个省的100名初中语文骨干教师外，长春市的很多初中语文教师也来到现场听课，因此，我也把引导语文教师跨界思考、探索议论文写作的途径当作这节课的目的之一。

评课沙龙：巧在迁移，妙在融合

主持人：高路（吉林大学附属中学）

参与人：姜雪杰（南关进修学校），李颖（长春市第五十六中学），贾春景、王旭（吉林大学附属中学），姬长艳（朝阳实验学校），马贺（东北师范大学东安实验学校），汪朝曙（孝感市孝南区肖港初中）

高：这节课打破了学科界限，实现了"跨界的融会贯通"，给我们的教学带来了新的思路，也拓展了学生的思维。课上巧借数学进行写作指导，通过不同学科的交叉渗透变传统单一的教学为多样化的教学，深入浅出。

汪：尽管时间很紧，但是张老师还是让学生做了必要的准备：对材料进行信息的提取，对数学中证明题的思路方法进行归纳等等。这些做法，既加深了学生对材料的理解，也为学生下一步的学习做好了铺垫。

马：张老师的这节公开课强调以整合的教学方式培养学生掌握知识与技能。课前，同学们搜集资料，在张老师的提示之下，将数学的逻辑思维、充分必要性条件、逻辑顺序证明法、等式关系和分类讨论等知识与语文的议论文相结合，灵活地解决了语文学科中遇到的问题，具有跨学科性、体验性、协作性等特点，是一种跨学科、重实践的教育。课上，充分鼓励孩子们发现问题、解决问题，对提升孩子们的综合素养具有重要意义。

王：迁移性思维是指人脑在发展创造性的思维过程中，根据已经获得的知识、技能和方法等因素，来获取新知识、新技能和新方法的思维能力。张老师巧妙地提出第四个问题："你认为数学学过的知识可以为议论文写作提供帮助吗？"这是写作议论文升格的有效而巧妙的方法。张老师反对单一呆板的学习，他说"我觉得有好多东西可以迁移到议论文的写作当中"。张老师因材施教，针对理科班的特点，提出迁移数学思维来思考议论文中论证的方法。理科生最熟悉解数学题求证问题的方法了，他们掌握了推理方法，如果没有迁移，就不会有如此的感悟，把数学知识迁移到议论文论证方法中，融会贯通。真是妙招，不愧为名师！

贾：对于议论文的教学我们往往要用一学年甚至更多的时间来完成，把议论文要点零零散散地撒落在各节课中，所以在相当一段时间内学生对议论文的认识是片面的，教学效果并不理想，很多学生写了半年议论文终不得法，因为对知识的认识是零散不系统的。而张老师只用了两个小时的课就解决了以往我们几乎用一学年时间才解决的对议论文体系的整体认知问题，非常具有指导意义！

姜：张老师的跨界教学课的展示，就是在告诉我们以什么样的姿态进行写作，怎样培养学生的才气和灵气，呼唤倡导自主写作、本真写作、生态写作。

李：跨界是交叉、跨越、融合，是化"有界"为"无界"。跨界最难跨越的是跨观念之界，是思维模式的转变。在"跨界"这方面，我需要学习的还有很多！

姬：议论文写作的结构学生们在本节课上应该是已经掌握了，那么接下来比较难的教学是：议论文论据的选择与叙述该怎么落实？议论文的语言需要怎样雕琢？我认为还是任重道远！特别是学生读书量有欠缺，部分女生逻辑思维不强。我们语文老师应该怎么去帮助学生攻克这些难关，还请张老师在今后的课堂上给我们以更多的指点和引领！

高：张老师的课堂还有许多值得我思考与回味之处，他耐心地了解学生写作的难处，承诺为学生们上材料作文系列课，对学生习作细致评点……这些无一不体现着张老师独特的教学风格与课堂魅力，是需要我们不断学习的。这节课结尾时，张老师说旨在唤醒学生的作文学习，我感觉这节课更唤醒了教师的心灵，使我们认识到要合理运用跨学科知识，融会贯通，实现资源互补。这节课也引发了我们更多的思考：语文教学不仅要"专而精"，而且还应做到"博而精"。希望在交流的过程中，大家都能有所体悟，有所收获。谢谢大家！

动态生成的作文评改
——《努力写得新颖》课堂实录（节选）

授课班级：玉林师范学院附属中学131班
上课地点：玉林师范学院礼堂
上课时间：2014年10月10日
教材版本：人教版高中教材必修二

我一向固执地认为，作文教学教师先要"如水附形"，即自身有写作爱好或一定的写作水平，至少要有写作体验，这个"水"是教师的写作素养，而"形"是学生当下的写作水平。然后再"装水入瓶"，就是按照学生的现有的写作水平去"点石成金"，打造学生写作的特点，这个"水"是学生的现有水平，而"入瓶"就是打造其特点。

教学生作文，教师要会写才能体悟学生写作的感受。此课系我受邀为"2014年八桂中学语文教育论坛暨中学语文优质课观摩研讨"上的一节随进度作文课。10月10日上午，我和广西玉林师范学院附属中学131班的50多名同学共同"爬行"了一个多小时。

这节课教材原题为"如何写得新颖"，这个题目无疑隐含了这样的意思：我教你写得新颖的方法，然后你去写，而且能写得新颖。我一向对这样传授程序性知识不感冒，而且认为这些知识几乎不能转化为写作的能力。于是我把题目改为"努力写得新颖"，就成了在原有基础上如何向前走一步的命题。

于是我想起波兰尼的那句名言："你要想教别人爬，你就爬给他看。"我就和学生共同爬，连滚带爬，能爬到哪里就爬到哪里。因为时间有限，我事先对学生的习作做了分类评析，觉得在"新颖"上普遍不足，便找出不足两百字，没署名作者，内容也不甚明了的片段，请作者、全体同学跟我一起评改，并使用实物投影、电脑动态展示整个过程。

课堂实录（节选）

师：同学们想一想，若按照教材的题目，要让我告诉大家如何写得新颖，大家相信吗？我自己都不相信。（生笑）按照题目就要求这堂课给大家讲如何才能写得新颖，但是老师交给你的方法尤其是写作的方法，能转化成写作的能力吗？（生摇头）所以我把这个题目做一下修改（板书：努力写得新颖），把"学习"改为"努力"。"努力"是一种态度，更是一个过程。如果老师带领同学们用40分钟就学会如何写得新颖，那么我敢断言普天下的语文教师都得失业了，以后就由张老师来教就好了。我特别崇尚犹太裔英国物理化学家、哲学家波兰尼说过的一句话："你要想教别人爬，你就爬给他看。"我现在不想教给你们"爬"的理论知识，而是"爬"给你们看，我们共同"爬"一节课。

（课件显示本次作文的统计情况，略。）

师：我9月25日才收到大家的52篇习作，这篇"三无"作文是谁的呀？（课件出示）

阳光温热，岁月静好，总习惯在某个温暖的午后，把存在于心中深处的记忆拿来一遍一遍地看，看着夕阳消失的方向，沙滩上印着大小不一的足迹，看着那清新透明的往事被关闭在别一座山上，常一个人呆想，经过的往事如星光点点，越是久远越是美丽。伴随着远行的脚步回眸。欢喜也好，忧愁也罢，心绪都会如鼓似潮。习惯了记忆空白，习惯了让心安详。也许记忆真的就如掌心里的水，无论松开还是紧握都会从指缝间一点一点地漏掉。

（生1举手。）

师：请你到前面来可以吗？我可找到你啦！（生笑）你给大家读一遍你的"三无"作品。

（生1读。）

师：先不要走，休要逃脱。（生笑）有好多问题就要对着你来。（生又笑）现在我请你评价一下自己的文章。

生1：其实这个是我没完成的文章，后来我又补交了一份。

师：但是我真没有看到。

生1：看到了。

师：看到了？哪一篇？

生1：还是叫"无题"。

师：还是叫"无题"？两个都是你的啊，那你骗过了我啊！（生笑）

师：你这篇文章不足两百字，是在咱们交的所有习作中最短的。

生1：后来我又写了篇长的。

师：哦，长的我们一堂课可能没有办法改完，所以这堂课我就找了一篇短的，我们来一起"爬"，让大家也一起"爬"，把这篇没写完、不怎么新颖的文章努力改得新颖。

生1：嗯。

师：当事人就是主持人，老师是文员，同学们提修改意见，这样安排好不好？

生1：好。

师：你把文章用一种深情的语调再给同学们读一遍，也是让同学们更好地听一下。

（生1读。）

师：同学们听了她读第二遍后，有什么感受？你在中间，谁说话就把麦克给谁，你就是采访者。

生2：这可能是一篇随笔，表达了石玉荣同学在某个时间段对自己人生的一种看法。她的文章还不够完整，我觉得应该加点事例去验证。

师：你给她提了一个美好的建议，你同意吗？

生1：嗯。

师：你给她的文章做个评价，比如说最精彩的地方是什么？

生2：对景物的描写，这个是比较好的。

师：请作者补充。

生1：感叹时光流逝。

师：我们能不能在她的文章中找到一句话，把她的无题变成有题呢？我给大家读一遍（略）。

师：有没有点新颖的成分在里面啊？

生2：有点。

师：如果没有看她的文字，只听张老师在读，可能感觉是哪个著名的诗人写的呢，从这个意义上讲，石玉荣同学是有诗人的潜质的。（生笑）

师：我最看好的其实就是她写出了朦胧而真实的感觉。能不能在这个片段中找一词做题目呢？

生：（齐）能。

师：是你自己说，还是找别人说？

生1：别人吧。

师：好，那你请别人吧，我来当文员。（生笑）

生：老师，非要在文章里面找吗？

师：既然是人家的文章，要给人家加上题目，为避免与他的思想不一致，最好是从作者已有的东西中找，我们这不是要把她的文章努力改得新颖嘛。你可以根据给她文章起名的方式，给你自己的文章命名。

生3：有名字了——"习惯了记忆空白"。

师：石玉荣同学同意吗？

生1：不是太同意。

师：别的同学还有不同意的吗？

生4：我给它起名为"时间的沙漏"。

师：这属于外概括。

生4：是根据她写的最后一句"也许记忆真的就如掌心里的水，无论松开还是紧握都会从指缝间一点一点地漏掉"这句话来说的。

师：请不同意的同学发表下意见。

生5：我也是根据她最后一句话改的，"时间如掌心里的水"我改成"记忆如水"。

师：跟"时间的沙漏"比起来哪个更好些呢？

生：（齐）"时间的沙漏"！

生5：老师，文章中出现了好多"记忆"。

师：反复出现"记忆"，这个词可以保留。还有没有不同的意见？

生6：可以改为"我那忧郁的记忆"。

师："我那忧郁的记忆""记忆如水""时间的沙漏"都没有表达出相对空灵的哲理感。

生7：我想个文艺一点的，叫作"忆逝"，而且她写的文章就像老师说的有点朦胧，再配上这个题目我感觉挺好的。

师：好，现在我们共同"爬"的结果是，都学到了一招，即按照自己的想法给别人起题目。现在请大家根据刚才的方法给自己的文章起题目，你对自己的文本最有发言权。而石玉荣同学对她的文章是拥有知识产权的，大家同不同意？

生：（齐）同意！

师：你自己来说吧。

生1：这是随笔，我写的随笔都是无题的。（生笑）

师：现在偏偏要把无题变成有题，并且这个题还要新颖一些，要在你已有的语言中去挑选或者修整。（生思考）

生1："避于山岗的深处记忆"。

师：我觉得这个题目比你文章的整体水准还要略低一些。（生笑）

师：同学们读了这个片段有没有最感兴趣的一句话？

生：有，最后一句。

师：还有没有其他句子？

生8：我感兴趣的句子是"常一个人呆想，经过的往事如星光点点，越是久远越是美丽"。

师：在喜欢当中找最喜欢的，找出来作为题目。

生8：往事。

师：谁都有往事，便不能表明独特性。文题是文章的一个窗口，我们应该从文题窥知文章内容的基本情况，从这个角度来说你单说"往事"恐怕不足以表达文意。

生9：足迹。

师：太普通了，到处都有。

生10：随想录，盗用巴金的《随想录》。

师：随想也好随笔也好，这是一种文体的基本标志，就如同我今天要写一篇小说，我的文题就是"小说"？（生笑）

师：它能成为一个窗口吗？我们没法知道它的内容。至于随想，想了什么我们不知道，但一定想了什么，我们读了文章之后就知道了。那你知道的东西到底是什么呢？

生11：是她随时随地想到然后写下来的东西。

师：我明白你的意思，但是拿文体做题目有点太宽泛了，不足以窥知文章的内容。还有没有谁有别的想法？我们开始越来越新颖了。

生12：我认为文章的开头就可以作为文章的题目——"阳光温热，岁月静好"，她后面都是围绕这个来写的。

师：这是一个环境或者天气的描写，类似于"今天天气不错"。

生13：取名"记忆的回眸"，因为她后面有一句是"伴随着远行的脚步回眸"。

师：作者现在有没有想法？

生1：岁月静好，时光忆事。

师：你不觉得不够精练吗？

生1：想不出来好的。

（师在课件上呈现"岁月静好，时光忆事"。）

师：我们要给作者一个自主权，但说实话，作为你文章的第一个读者，我对你这个题目还是不满意。作为读者我给你强加一个题目你看好不好？

（生点头）

师："记忆真的就如掌心里的水"，但是不够精炼，我这样处理——"记忆如掌心的水",这是不是一个生动的比方?它是不是表达了一个生活的哲理啊?你同不同意啊作者?

生1:我感觉少了点什么。

师:少了点什么才能让人继续读下去。标题最好的状态,是让人看一眼半,看一眼就知道了,他就不看了。看一眼半是什么呢?一看我仿佛知道了点什么,但是呢又不确切知道,于是我要看。比如我们一个同学写的标题是"再不疯狂就老了",我一看就知道写的是什么,我就不看了。还有一个同学写的是"禁止是最大的诱惑",我一看也知道是什么,我就不看了。"记忆如掌心的水",为什么啊?我要看。你同不同意?

生1:就觉得少了点什么。

师:好,那我们继续看。后文你说"记忆真的如掌心里的水,无论松开还是紧握都会从指缝间一点一点地漏掉"。放在文末妙在哪儿呢?当知道时间为什么如掌心的水的时候,你的文章就被读完了。同学们认为然否?

生14:不然!

师:不然?谁来说一说?

生14:我有一个比您的还好。老师,在我说之前我先问您个问题。您知道文学史上有个特别著名的作家叫沈从文吗?您喜欢他吗?

师:怎么说呢,我喜欢他的……

生14:您只能说不喜欢还是喜欢。

师:我只喜欢他写的内容,我不喜欢他的文笔。

生14:好,那您喜欢他的内容是不是?

师:是。

生14:那他有一篇文章叫"边城",所以这篇文章应该改名为"边想"。因为它含义深刻,可以让人无穷无尽地想象,等你看完了你还不知道她写的是什么,这不就是"边想"吗?

师:但是实际上《边城》你只读了课文中的选段,你恐怕很难说清楚它是什么。但是你已经开始写得新颖了。

生14:真的?

师:真的!(生笑)

师：课后你可以把你的那篇文章按照自己的想法修改一下，让你的语文老师看，或者通过QQ邮箱发给我，我们再沟通交流。

生14：好的。

师：姑且叫"记忆如掌心的水"。以这个为中心的话，这个片段有没有什么可以修饰的呢？能不能删掉一些字首先达到准确和简明？

生1：好的。

师："阳光温柔热，岁月静好"要不要？

生1：要。

师："总习惯在某个温暖的午后，把存在于心中深处的记忆拿来一遍一遍地看"，这要不喘气很累呀，可以改吗？这句话最核心的东西是什么？

生1：午后、记忆。

师："总习惯在某个"是不可以删掉啊？"温暖的午后"，前面都说"阳光温热，岁月静好"了，"温暖的"还要吗？

生1：不要了。

师：赘肉影响体型，"把存在于心中深处的记忆拿来……"，可以精简为"心中深处的记忆……"。再来看"心中深处"，是不是重复啊？

生1：删去"心中深处"。

师：但是的确要表明是这儿的记忆（拍着胸脯），对吧？（生笑）

师：心中的？

生：内心的。

师："内心"和"深度"还是有关联的。我们想想，平时说"心"还可以怎么表示啊？是不是可以说"心房"啊？要是说"心房深处"是不是就没毛病了？你同不同意？

生：同意。

师："午后，心房深处的记忆一遍一遍地看"，我觉得"一遍一遍地"的"地"也不要。"看"我把它改成什么呢？翻看。

生：哦。（表赞同）

师：你们觉得这个动作好不好？是不是比一遍一遍地看要好啊？看给你的感觉是一次性的，但是你前面又有"一遍一遍"，所以是翻看。最后调整下语序："午后，一遍一遍翻看，心房深处的记忆。""看着夕阳消失的方向……"，我觉得夕阳消失的方向本来就是看着的，所以应该把"看着"删掉，好不好？同学们同不同意？作者同不同意？

生：（齐）同意！

师："夕阳消失的方向，沙滩上印着大小不一的足迹"。夕阳消失的方向太远了，我觉得"方向"不如"远方"。"夕阳消失的远方"，直接把视线定位到了一个点，而"方向"是一条射线。而我们这个时候要的感觉是悠远的，所以我觉得"远方"比"方向"好一点。

生15："海岸"比较好一点，因为后面说到"沙滩"。

师："消失的海岸"是不是？好，"海岸"。

生1：有同学提出一个更神的。他说"海岸"不要了，直接连着后面的"沙滩"，"夕阳消失的沙滩上印着大小不一的足迹"。

（生大笑。）

师：那你还能看见吗？夕阳都消失了你还能看见吗？怎么看啊？

生16：月亮照的。

师：月亮那时候还没升上来呢。

生17：太阳落下的时候天还是很红的，还是可以看到的。

师：你说的是慢慢西下的夕阳，就不是消失的夕阳了。"落下"是过程，"消失"是结果，这个时候我们关注的是结果对吧？

生17：好吧，我错了。

师：没关系，现在我们不正共同地"爬"嘛，只是现在的腿和脚不协调。（生笑）

师："大小不一"我觉得有点太定性了。

生18：参差不齐。

师："大大小小"比"大小不一"要好，"大大小小"是描述性的，"大小不一"是判断性的。大家看张老师是怎么改的，我只修改了两个字。咱们修改的原则不是让它简明、准确嘛，就是尽量保留原文。"看着那清新透明的往事被关闭在别一座山上"，是不是"看着"也可以不要？因为这个地方你是想着的，根本不是看着的，是不是？

生1：是。

师：因为那个山本不是眼前的山，是你记忆中的山，既然不是看到的，我们为什么要写"看着"呢？删掉。可以改为"被关闭在别一座山岗"。

生1："闭"字可以毙掉。

师："闭"字可以不要啦，你自己同意啦？

生1：嗯。

师：这句子是不是有点长啊？是不是还可以断一下？

生：可以。把"别"字改作"另"字。"另一座山"。

师：它俩是同义词，没有什么太大差别。"另一座"我们常用，"别一座"有点小清新。从感觉上，你们说是不是？

生1：是。

师："别一座"，我读到这儿的时候就有点打动我的，语言上有一种陌生感，陌生感往往就走向新颖了（主题），而且还符合情理。所以这个地方我不同意。

生19：还有一处，"夕阳消失的海岸"已经改变句意了。她的句意是夕阳还没有消失，是殷红的。

师：你说的意思我解释一下，"夕阳消失的海岸"虽然夕阳消失了，海岸还在我的脑海里，而海岸上的足印还在我的印象里，有点"意断神连"的感觉。

生19：（问作者）那你原来的想法是？

师：她原来写的"方向"，也是想指那个方位，实际上是指向一个具体的处所。再接着往下看，"常一个人呆想"，我觉得"呆想"就行了，不是你呆想是谁呆想啊？能省就省，人家一看，虽然你没写石玉荣呆想，就知道是你在呆想，是常常在呆想。所以不必写"常一个人"。"经过的往事"，还有未经过的往事吗？直接就"往事"吧。

生20：老师，那可以把"呆想"后的逗号去掉，看起来好一点。

师：好，我先把你的意见涂红。"如星光点点，越是久远越是美丽。""美丽"可以改为"闪烁"，因为"闪烁"带给你的就是"美丽"的感觉。所以我感觉"美丽"没有足够表达出你的意思来。"闪烁"和"闪亮"

都比"美丽"好。（生议论）

师：改不改？

生1：改。

师：好，勉强同意没关系。这只是一起"爬"的结果，至于怎么"爬"你回家还需重新规划，你回家以后照镜子"爬"好吧？（生笑）我们现在只能粗略地"爬"。

师："越是久远越是闪烁"，我们来看这个"越是……越是"，用一个字"越"或者"愈"好不好？

生1：把"是"也删掉。

师："伴随着远行的脚步"，这个时候"回眸"一笑百媚生。"伴着远行的脚步，回眸"，是不是这个逗号很值钱啊？

（生同意。）

师："欢喜也好，忧愁也罢"，这样改你看可不可以——"欢喜？忧愁？"我都加上问号。要的不是欢喜和忧愁的结果，而是它们交织在一起的感觉。"心绪都会如鼓似潮"，改为"心绪，如鼓，似潮"，逗号很关键。然后是"习惯了记忆空白，习惯了让心安详"。

生1：把"了"去掉。

师：这个不去掉为好吧。大家看，"习惯了记忆空白，习惯了让心安详"，如果把"了"去掉会很突兀，有"了"表示一个过程，不是一次到位的，是经过磨砺经过反复的。咱们再看"也许"一句，张老师再赠送你个逗号。"也许，记忆真的就如掌心里的水"，老师再给你删掉三个字，变成"也许，记忆如掌心里的水"。"无论松开还是紧握"，老师给你删掉"无论"，我就不讲理了，再赠送给你一个逗号——"松开，紧握"。

生1：老师，这儿用问号是不是比较好呢？

师：这儿要是用问号，就表示你对松开还是紧握的不确定。但你已经确定了，因为你说它就如掌心里的水，无论怎样它都会流掉，不是说这样它就要流掉，那样就不流掉是吧？不是那个意思，你是在阐发一个生活的哲理。

生1：哦，我懂了。

师：在这个意义上张老师是不是比你还了解你自己啊？（生笑）再看"都会从指缝间一点一点地漏掉"，"一点"好还是"一滴"好？

生：（齐）"滴"。

师：它更符合水的性状对不对？

生：（齐）对。

师：作者呢？

生1：好。

师：同学们，这时的作品是不是比石玉荣同学的作品要新颖要简练啊？我们现在看看能不能让这个作品更美一些，更新颖一些？语文科代表是哪位？

生1：刘冰。

师：好，刘冰你来说。

（生思考。）

师：没想好是吧？老师再读一遍。（略。生笑，鼓掌。）班里诞生了一位诗人啊。科代表，张老师刚才读得怎么样啊？

生20：有感情。

师：不光是有感情，是她的文章告诉我要这么读。那么你明没明白我对你的启发？（另一位同学举手）

师：你来说说。

生21：变成诗歌！

师：怎么变？

生：分行、分段。

师：好，你来变。你到前面来分，我给你操作。你就告诉我怎么分行，你来指导我。

生：到"岁月静好"分成一行。把"翻看"单独一行，"海岸"那分行。

师：下面也单独一行呗？

生：等一下我再看看。"闪烁"那分行，"脚步"那分行，"似潮"那分行，"安详"那分行。

师：和我的想法一样，并且我还要把"也许"提到前面来。

生：为什么？

师：你先都说完，我再解释。

生：说完了就这些。

师：好的，请回。谢谢你。这篇作品有你的功劳啊。作者还有什么意见吗？有什么感受？

生1：我觉得"回眸"应在"脚步"的后面。

师：由于时间的关系我们不做过多分析。现在我要帮作者署上名。

（生1根据大家的建议进行了修改与完善，师润色。课件显示，师读。）

记忆如掌心的水

阳光——温热，岁月静好，

（师："阳光"我赠它一个破折号）

午后，

一遍一遍

翻看，

心房深处的记忆：

（师："记忆"后我用了一个冒号）

夕阳消失的海岸，

沙滩上大大小小的足迹，

清新透明的往事啊，

（师：老师在后面加了一个"啊"）

被关在别一座山岗，

呆想，

往事如星光点点，

愈久远愈闪烁，

伴随

远行的脚步，

回眸，

欢喜？

忧愁？

心绪啊，

（师：加一个"啊"）

如鼓，

似潮。

习惯了记忆空白，

习惯了让心安详。

也许，

记忆如掌心里的水，

松开，

紧握，

都会从指缝间

一滴一滴

漏掉……

（生鼓掌。）

师：我们的努力没有白费。现在我请同学们齐读一遍这首充满哲理的小诗。

（师领生齐读。生鼓掌。）

师：我们这堂课"爬"得怎么样？我们是不是共同"爬"出一段歪歪扭扭的诗行？

生1：考试不可以写诗歌呀！

师：是的，目前还不可以写诗歌。但是你有了诗性有了灵感，还会害怕应试文吗？我们这节课共同爬行的结果，就是把一个没有作者没有题目的随感爬成了一串诗行。非常感谢同学们能利用这段时间和我一起学习，我也非常快乐地陪伴大家爬了一个多小时。今天我们就"爬"到这里，下课。

教后反思

关于原生态作文教学基本范式，我用八个字来概括："如水附形，装水入瓶"。所谓"如水附形"，我指的是教师要根据学生的特点去"点石成金"，而不是把学生拉进自己的逻辑圈套之中；所谓"装水入瓶"是指根据学生的特质打造他的独特风格。

追求生成是我的课堂教学风格中比较稳定的部分。课上修改的习作，没有题目，表达意思也不太清晰，但文中有其独特的情思，有个性的表达（就是现场抓出来改作题目的那句话）。这些因素可能影响课堂教学的结果走向，存在很大的不确定因素，我很享受这种挑战。请作者为主持人，现场修改"三无"习作，把其"诗性"拈出来，使之成行，表达上的新颖就得到了落实。"无题""未完"本来就具"神秘"色彩，这两点又是很多学生作文的通病，这无形当中都为这节课的丰富性提供了无限可能。于是，师生不仅"同场"，而且找到了"共鸣的话题"，又适时将话题由"给文章起标题"逐渐引入到教学的核心——"努力改得新颖"。语文教学无法像其他学科一样求得唯一的"正解"，因此，过程就比结论更加重要。

聊天、对话是我喜欢的教学方式。对话教学是意义的分享，是精神的融通，更是心灵的交流。语文课的精彩，也唯有在师生都能畅所欲言、精神自由的"对话场"中才有可能实现。正如巴西学者弗莱雷所言："没有了对话，就没有了交流，没有了交流，也就没有真正的教育。"我想，在交流中学习，在学习中交流才是真正的教育。

语文教学不是领着学生在设定好的跑道上跑圈，而是帮助每一个学生在跑道上画出属于自己的轨迹，为学生的自主创作提供有利条件和广阔空间，鼓励自由地表达、有创意地表达，在细节处启发学生，尊重学生的思考，从根本上转变写作观念，挥去浮华，留下真实。

教师不能以学识修养压抑学生课堂上的表现，要以学生为主体，尊重学生，包括试图把老师问倒的学生们。

不生硬地讲写作知识，而是铺台阶、善启发，捕捉智慧和灵感。"努力写得新颖"的方法和体验都不是灌输的，而是在"共爬"的过程中，师生一起体验到的。每一次大胆的尝试成功后，老师要不留痕迹地抬高标杆，让学生在一次次的质疑和突破中，进入一片新的思维天地。

评课沙龙：和学生一起"爬行"的美妙姿态

主持人：石柳（长春市第十一高中）

参与人：黄河（吉林市第一中学）、纪少昆（吉林省实验中学）、周瑜（长春市第二实验中学）、于志伟（敦化市实验高中）、王春（东北师范大学附属中学）

时间：2016年8月8日晚6点—晚9点

形式：网络"圆桌会议"

石：我认为这节课最精彩之处在于"教师在场"。我们看来这是大型示范课，张老师自己认为就是家常课。起始就引用波兰尼的一句话，提出要和学生一起"爬"一节课。这句话，使师生都融入到作文教学的情境当中，实现师生的"在场"。再有，张老师将授课的题目由"学习写得新颖"改成"努力写得新颖"，虽只是一词之差，却使师者从高高在上的、可以指导学生"如何写"的神坛上走下来，走进和学生共同创设的"场"。

其次，这节课让我看到了一种有效的"对话教学"的开展。一节课，学生只有在与教师和教材的"对话"中才能建构起知识的意义，实现在倾听中学习、在对话中感悟以及经验共享的目标。本课对我开展"对话教学"的启示有三：

第一，要有共鸣的话题。张老师并没有走"寻常路"，选择最优秀抑或最差的文章"奇文共赏"，而是找到一篇并未完成且无题的文章和学生共同来"爬"完。

第二，要有平等的主体。当老师分享自己提炼的题目时，习作作者站起来反驳，老师回答也可谓机智。从师生对话的小片段可以看到这节课没有传统意义上的"师道尊严"和"教材的权威"，学生、教师只是"我——你"对话中的一方，对话双方民主平等，真诚相待，互相敞开心扉展开问答，进行质疑和批评，且各种不同观点相互碰撞，从而产生视野融合。

第三，要有深度的理解。教师将主体地位让给学生，教师的任务是提供支架，提供指导，提供帮助，提供服务，并且作为对话的一方存在。文章删繁就简之后，张老师将改过的文章又读了一遍，让学生谈谈听后的启发。这是教师有意识地帮助学生理清思路，将"新颖"的探讨由"内容"而引向"形式"。接下来文章形式上的蜕变就显得水到渠成，学生都收获了共同参与下的"新颖"的"果实"。

于：朴素、自然、原生态，"化无形为有形"，共同享受"爬"的快乐，确实是一种有用、有益的教学尝试。我认为值得学习的有以下几个方面：

一是教学理念超越应试，重视思维。一篇不足两百字的"三无"作品，师生最后修改成为一篇有标题、有内容且蕴含哲理的散文诗。张老师很重视学生的作文思维训练，通过修改题目，揣摩每一个文字背后的含义，在极短的时间里就完成一篇写得比较新颖的哲理小诗，这个修改过程是理性思维的完美诠释。

二是教学目标精准定位，操作性强。张老师很机智地把这堂课的教学目标设定为"努力写得新颖"。在师生共同"爬"的过程中，可以看到师生在逐步贴近教学目标，最后作文的修改、定型就意味着顺利完成这个预设的教学目标。这就是一堂有效的语文课。

三是教学过程有趣有料，以生为本。师生共同"爬"的过程就是一个修改自己作文的良好范例，学生当场体会到了修改的乐趣，于是他们尝试去做。

四是教学方法动态生成，教学相长。采用实物投影和动态课件的方式，把师生共同修改的成果很直观地显现出来。

黄：一是思维的激活。张老师领着学生直接走进文本，体悟修改的妙处，让学生去品读、去玩味，题目的命名，动词的考究，叠词的妙处，语言表达的简洁准确、生动形象……让学生自己感受其中的妙处与不同，从而形成深度感知，转化为能力。

二是身段的"临下"。他开场便说："我现在不想教给你们'爬'的理论知识，而是'爬'给你们看，我们共同'爬'一节课。"整节课中，每修改一处，都坚守"平等商讨"的原则，"当事人就是主持人，老师是文员，同学们提修改意见"，课堂上充盈着学生思想的交流与碰撞，而他自己只充当一个文字记录者，这需要胸襟与境界。学生被"临下"的做法打动，踊跃发言，造就了最终的那首小诗。

三是耐心"慢炖"。好的作文教学应该是"慢活儿"，像煲汤，文火慢炖方能入滋入味。这节课总共上了一个多小时，对例文进行了细致打磨，从题目的确定，到字词的增删替换，再到文章的表现形式，慢品慢嚼，最终炖出了一碗"好汤"。

纪：张老师和学生"爬"得愉快、精彩、有尊严。"爬"是尊重学生、融入课堂情境的科学态度。"爬"是躬身实践、唤起创作动力的高远境界。爬行最能贴近地面，最能体验学生的写作感受，最能激发学生再创作的动力，这才是做老师是的"高姿态"。"爬"是遵循规律、提升作文效能的教学艺术。张老师不落窠臼，大胆取舍，开合有度，从全新的视角出发，跟学生边"爬"边改，直至登堂入室，渐入佳境，整堂课都是在充分尊重学生心理的认知感受规律中推进，由此及彼、由浅入深、由具体到抽象、由感性到理性、由繁琐到简洁的思维形式，在字里行间穿针引线，如水随形。

周：在真课堂中见张老师深厚的学养功底和真诚的教育情怀。

一是视学情为恒久的起点。课堂伊始，张老师就将"学习写得新颖"改为"努力写得新颖"。这缘于课前张老师进行了充分的学情调查，他将全班52份习作逐一阅读并分类评析，汇总后发现学生习作在"新颖"这个层面上普遍欠缺。其中较为典型的是一篇"三无"作品，老师以此篇作文为教学资源，课上与学生一起修改讲评。

二是行"不教"之教。张老师积极肯定原作朦胧而真实的情感，力求在形式上启发学生出新。其中一个教学片段，先请小作者朗读自己的习作，其他学生谈感受、做评价，尝试为这篇无题的作文拟题。教师适时点拨，就势引导，用朗读的顿挫启发大家发现习作的韵律特点，再从文段中选关键词精炼成题目。师生"共爬"中，随时关注小作者的感受，鼓励她自己拟题，且要拟出新意来。

三是功底上举重若轻。张老师语言诙谐，课堂氛围轻松，在师生意见发生分歧时笑说"没关系，现在我们不正共同地'爬'嘛，只是现在的腿和脚不协调"；用玩笑的口吻善意批评作者拟的题目比文章的整体水平略低。这一句句通俗易懂的话语充满了教学智慧，学生渐入佳境，老师收放自如。尊重学生的思考，即使有和自己意见相左之处，也支持学生保留观点，这是对学生的呵护。超强的课堂驾驭能力和娴熟的教学艺术让我们感受到：教师教的是理念，追求的是过程，留下的是回味。

王：这堂作文课举重若轻，大巧若拙。要妙之处或许可用"真常态、素颜值、元问题"这三个词来略作概括。

"真常态"的课堂不能取巧，不取巧才不会走弯路。为了把这堂课变回常态，张老师下了一番笨功夫。按照当地的教学进度，应该讲"学习写得新颖"，张老师提前布置作业，让学生按照自己对新颖的理解写一篇或一段文字，这是摸清学情的过程，是常态的课堂不能省略的东西。这堂课的最可贵之处就在于为我们提供了一个不含任何"添加剂"的原生态的观摩范本。

所谓"素颜值"主要表现为教师自身的学科素养和教育站位。这堂"众语喧哗"的作文课，实现了教师对学生语文素养的濡染熏陶，体现了教师的教学层次和教育理念。在语言建构与运用层面，既尊重学生的个性又不失时机点化学生。依托语言的建构与运用，学生在积极参与的过程中实现了思维的发展与提升以及审美鉴赏与创造。结尾处关于"诗性"问题的对话更是神来之笔，对于学生在文化传承与理解方面的启发，不可小觑。

如何解决作文训练的过程化问题，是写作教学必须面对的"元问题"。这节课给我们的最大启示和感动，就是他在用自己深湛的文章写作修养濡养学生。他从"元问题"出发，在"顺流而下"解决问题。教师的自身学科素养的提升，无疑也是教育质量整体提升的原动力。

石：张老师总把自己的课定位成靶子，希望大家在批评中获得收益。下面请谈谈本课的不尽如人意的地方。

周：一是时间分配问题。题目确实对于一篇文章来说非常重要，但我认为讨论时间过长，后面修改文本时本可以有更多的精彩发挥。

二是教师话语在后半段课堂中比较强势，也许是后面教学时间稍紧张的关系。瑕不掩瑜，我依然认为本课值得学习之处不胜枚举，不失为写作指导课的经典。

于：一是"一起爬"和"教学生如何爬"能否同时进行？当学生已经开始自发地撰写作文，教师能否适时给学生一些有用的作文指导？在评改作文的同时能否带领学生一起简单归纳一些有用、有效的作文方法？教师要"化有形为无形"，更要"化无形为有形"，收放自如，学生才能"爬"得更稳、更高。

二是如何达成"一起爬"到"自己爬"的完美蜕变？教师如何才能在作文指导课上进行有针对性的修改练习？能否预留一些课堂时间让学生去修改自己的作文？

石：一节课的容量是有限的。作文教学如何有效，甚至高效，也不是一堂课就可以完全体现出来的。谢谢大家。

后 记

本书最初的内容，是2012年"张玉新导师工作室"成立之后，我上的20多节课的实录，以及工作室学员沙龙式的评课（就是我上了课，当靶子，让学员"向我开炮"）。当把这个内容交给卢风保编辑时，他建议我不要只展示课堂实录与评课沙龙，而应该把曾经发表过的文章精选后也收入书中。他告诉我："您的很多文章富有思辨性和指导性，收录进来，能帮助读者打开思维，提升教学理念，并学到有用的技巧与智慧。"

受到鼓舞，我开始打开视野，宏观架构本书的结构。近几年我正在建构原生态教学观，很多文章与课堂实录都是围绕它进行的。卢编辑建议主书名定为"怎样上出魅力家常课"，可以避免"标签化"，让书稿普适性更强一些，至于个人的教学主张，可在正文中体现和阐述。书稿副书名也帮我琢磨了几个，最后定为"有效语文课堂的构建智慧"。

重新架构之后，关于好教师与好课的标准、针对不同教师各种文体的教学诊断、我个人的备课感悟与教学反思等，都成为本书的有机组成部分，书稿在一定意义上具有了"普适性"；而课堂实录与评课沙龙方面则精选了几例来呈现如何在实践层面将我的教学思考和主张落地，以期抛砖引玉，遇见更多润泽学生生命的魅力家常课。

从2017年4月约稿到现在，历经了近两年的打磨。今年2月成稿之后，又请优秀语文教师审读、校稿，提出具体的意见及建议。在选文、构建体例、打磨文章时，我们坦诚沟通，一起为了好书稿而努力。长春市教育学院肖澧老师不仅指出文稿的细碎问题，还对结构调整给出有见地的建议；

延边二中王洁、九台实验中学付敏、舒兰市一中卢镜等工作室学员将书稿打印出来,认真校对,将发现的问题拍照发给我。他们为本书的打磨与完善做出了不懈努力。在此一并深表感谢。

华东师范大学出版社大夏书系出版了许多精品教师用书,广受读者欢迎。拙著忝列其中,深感荣幸,也由衷感谢大夏书系团队的辛勤付出。

张玉新

2019年3月

图书在版编目（CIP）数据

怎样上出魅力家常课：有效语文课堂的构建智慧/张玉新著.—上海：华东师范大学出版社，2019

ISBN 978-7-5675-9707-5

Ⅰ.①怎… Ⅱ.①张… Ⅲ.①中学语文课—课堂教学—教学研究 Ⅳ.①G633.302

中国版本图书馆CIP数据核字（2019）第195221号

大夏书系·语文之道

怎样上出魅力家常课
——有效语文课堂的构建智慧

著　　者	张玉新
责任编辑	卢风保
封面设计	奇文云海·设计顾问

出版发行	华东师范大学出版社
社　　址	上海市中山北路3663号　邮编　200062
网　　址	www.ecnupress.com.cn
电　　话	021-60821666　行政传真　021-62572105
客服电话	021-62865537
邮购电话	021-62869887　地址　上海市中山北路3663号华东师范大学校内先锋路口
网　　店	http：//hdsdcbs.tmall.com

印 刷 者	北京季蜂印刷有限公司
开　　本	700×1000　16开
插　　页	1
印　　张	14
字　　数	208千字
版　　次	2019年10月第一版
印　　次	2019年10月第一次
印　　数	6 100
书　　号	ISBN 978-7-5675-9707-5
定　　价	45.00元

出 版 人　王　焰

（如发现本版图书有印订质量问题，请寄回本社市场部调换或电话021-62865537联系）